建筑泥浆道路填料研究与应用

李富有 主编

中国建筑工业出版社

图书在版编目（CIP）数据

建筑泥浆道路填料研究与应用/李富有主编．—北京：中国建筑工业出版社，2021.12
ISBN 978-7-112-26632-6

Ⅰ.①建… Ⅱ.①李… Ⅲ.①泥浆－应用－道路工程－填料－研究 Ⅳ.①U414

中国版本图书馆CIP数据核字（2021）第192135号

本书围绕纤维/水泥稳定废弃泥浆和石灰稳定废弃泥浆这两个基本核心开展一系列的试验研究和工程应用。全书共分为6章，包括绪论、废弃泥浆脱水技术、废弃泥浆工程性能、纤维/水泥复合稳定废弃泥浆工程性能、石灰稳定废弃泥浆工程性能、复合稳定废弃泥浆在道路工程中的应用。本书对废弃泥浆的复合稳定技术及复合泥浆材料的试验方法进行了系统阐述，并配有大量的试验数据和分析图表，可供土木工程、岩土工程、公路工程、道路与铁道工程相关专业的本科生、研究生和工程技术人员参考使用。

责任编辑：王砾瑶　范业庶
责任校对：张惠雯

建筑泥浆道路填料研究与应用
李富有　主编

*

中国建筑工业出版社出版、发行（北京海淀三里河路9号）
各地新华书店、建筑书店经销
唐山龙达图文制作有限公司制版
河北鹏润印刷有限公司印刷

*

开本：787毫米×1092毫米　1/16　印张：9　字数：221千字
2022年2月第一版　2022年2月第一次印刷
定价：40.00元
ISBN 978-7-112-26632-6
(38169)

版权所有　翻印必究
如有印装质量问题，可寄本社图书出版中心退换
（邮政编码　100037）

本书编写委员会

主　　编：李富有
副 主 编：韩坚强　沈　重
编写人员：陈卫刚　蒋海平　姜　屏
　　　　　吴松华　吴李靖　胡建松
主编单位：华汇工程设计集团股份有限公司
　　　　　浙江华恒交通建设监理有限公司
参编单位：绍兴市建筑产业现代化促进中心
　　　　　绍兴市越城区建设工程质量安全管理中心
　　　　　绍兴市交通工程管理中心
　　　　　绍兴文理学院

前言

FORWARD

探索废弃泥浆的无害化处理方式，将其复合处理应用于路基填料是"无废城市"建设的有效途径，能够为"双碳"战略提供方法支撑。本书试验数据丰富，符合国家发展战略需求，适合于土木工程、岩土工程、公路工程、道路与铁道工程相关专业的本科生、研究生和工程技术人员参考使用。

本书共分为6章，围绕纤维/水泥稳定废弃泥浆和石灰稳定废弃泥浆两个基本核心开展一系列的试验研究和工程应用。前3章主要介绍了废弃泥浆处理的研究现状、泥浆的主要脱水技术和废弃泥浆的主要工程性能，第4、5章详尽阐述了纤维/水泥复合稳定废弃泥浆和石灰稳定废弃泥浆的试验技术和工程性能，第6章主要介绍了复合稳定废弃泥浆在道路工程中的应用。本书的特色是对废弃泥浆的复合稳定技术及复合泥浆材料的试验方法进行了系统阐述，并配有大量的试验数据和分析图表。

在本书编写过程中，得到了华恒监理蒋海平、吴李靖和绍兴文理学院研究生张伟清、胡家斌、周琳、陈业文、周观钟和周旭辉等的大力帮助和支持，在此表示衷心感谢。

希望本书能为读者的学习和工作提供帮助。限于作者的水平，书中难免有不妥之处，欢迎读者批评指正。（E-mail：Li-fy@cnhh.com）

目录

第 1 章　绪论 / 001

第 2 章　废弃泥浆脱水技术 / 004

2.1　机械脱水法 · · · · · · 004
2.1.1　泥浆脱水机械 · · · · · · 004
2.1.2　泥浆板框压滤脱水工艺 · · · · · · 006

2.2　化学脱水法 · · · · · · 007
2.2.1　絮凝作用机理 · · · · · · 007
2.2.2　絮凝脱水施工工艺 · · · · · · 008

2.3　电渗脱水法 · · · · · · 009
2.3.1　电渗脱水基本原理 · · · · · · 009
2.3.2　不同电极材料电渗 · · · · · · 010
2.3.3　电渗脱水技术优化与改进 · · · · · · 011

2.4　本章小结 · · · · · · 012

第 3 章　废弃泥浆工程性能 / 013

3.1　废弃泥浆基本物理指标 · · · · · · 013

3.2　废弃泥浆化学指标 · · · · · · 015

3.3　废弃泥浆力学性能指标 · · · · · · 016
3.3.1　废弃泥浆标准击实 · · · · · · 016
3.3.2　废弃泥浆 CBR 检测 · · · · · · 016
3.3.3　废弃泥浆剪切性能检测 · · · · · · 017
3.3.4　废弃泥浆水稳定性检测 · · · · · · 017

3.4　本章小结 · · · · · · 018

第4章 纤维/水泥复合稳定废弃泥浆工程性能 / 019

4.1 纤维/水泥复合稳定废弃泥浆路用性能 ························· 019
4.1.1 配合比设计 ························· 019
4.1.2 CBR 值 ························· 020
4.1.3 无侧限抗压强度 ························· 022
4.1.4 动力性能 ························· 032

4.2 纤维/水泥复合稳定废弃泥浆长期性能 ························· 035
4.2.1 时间效应 ························· 035
4.2.2 冻融循环性能 ························· 045

4.3 纤维/水泥复合稳定废弃泥浆微观机理 ························· 058
4.3.1 强度形成机理 ························· 058
4.3.2 冻融循环机理 ························· 064

4.4 本章小结 ························· 073

第5章 石灰稳定废弃泥浆工程性能 / 074

5.1 石灰稳定废弃泥浆路用性能 ························· 074
5.1.1 配合比设计 ························· 074
5.1.2 击实特性 ························· 074
5.1.3 CBR 值 ························· 076
5.1.4 无侧限抗压强度 ························· 077
5.1.5 动力性能 ························· 079

5.2 石灰稳定废弃泥浆长期性能 ························· 091
5.2.1 含水率影响 ························· 092
5.2.2 时间效应 ························· 100
5.2.3 累积变形 ························· 107

5.3 石灰稳定废弃泥浆微观机理 ························· 114

5.4 本章小结 ························· 117

第6章 复合稳定废弃泥浆在道路工程中的应用 / 118

6.1 纤维/水泥复合稳定废弃泥浆在道路工程中的应用探讨 ························· 118
6.1.1 工程概况 ························· 118
6.1.2 施工流程 ························· 118
6.1.3 工程评定 ························· 119

6.2 石灰稳定废弃泥浆在道路工程中的应用 ························· 123

  6.2.1 工程概况 …………………………………………………………… 123

  6.2.2 施工流程 …………………………………………………………… 123

  6.2.3 工程评定 …………………………………………………………… 127

6.3 本章小结 ……………………………………………………………………… 131

参考文献 / 132

第 1 章

绪　论

随着我国城市化进程的持续推进、城市建设的快速发展，建设过程中不可避免地会产生大量的建筑垃圾及废弃泥浆，如图 1-1 所示。泥浆是一种由水、膨润土以及黏性土颗粒和外加剂搅拌而成的半胶体悬浮液，其中水占比约 70%，固体颗粒占比约 30%，是作为在目前钻孔灌注桩、岩土工程地下连续墙和地铁盾构等工程中需要被大量使用的辅助材料。在浙江省及其他东部相对发达地区由于经济发展迅速，城市建筑密集，例如杭州、绍兴等地区，地铁正在逐渐成为其城市一条新的动脉，而地铁主要的施工方法为盾构施工法，在盾构施工中，开挖的隧道会挖出许多废弃土，废弃土又与泥水混合形成了大量废弃泥浆，这些废弃泥浆的体积庞大，甚至达原来废弃土体积的两倍以上。

图 1-1　废弃泥浆

据统计，我国工程建设每年产生的废弃泥浆量约 3 亿 m³，并且以每年 10% 的速度递增。由于废弃泥浆的产生量过大，其不合理排放将破坏生态环境。目前，工程废弃泥浆的常见处理方法是用槽罐车外运和现场沉淀干燥。在泥浆外运方式中，由于工程中产生的泥浆量大、含水率高，实际运出的水约占 75%，处理成本高、效率低。同时，大吨位的槽罐车行驶对市政道路及桥梁产生严重的安全隐患，并可能引起各种交通事故。此外，泥浆运输过程中容易发生洒漏，造成环境污染，为了改善市容市貌，大多数城市的主要道路上禁止通行大型车辆（如槽罐车、渣土车等），这给泥浆外运带来了新的困难，对工程项目进展造成较大的影响。现场沉淀干燥，存放大量的废弃泥浆需要占用大面积土地，大面积泥浆沉降池的建设需要额外征地成本。由于工程泥浆性质结构稳定，自然沉降需要很长时间，不及时处理将影响工程总体工期，此外，大面积的沉降池也会给施工环境造成负面影响，破坏工地整洁环境，并且给施工人员带来安全隐患。正是因为目前没有较好的工程废弃泥浆处理方式，常规处理方式成本昂贵、效率低、费时费力，导致工程废弃泥浆直接填埋或偷排现象屡禁不止，但工程废弃泥浆未经处理直接填埋将造成对附近土壤和植被严重破坏，并且会给场地后期开发带来隐患；偷排入河道或市政管网，将导致河道的严重污染及市政管网的堵塞甚至产生功能性破坏，带来严重的社会和环境问题。因此探索废弃泥浆的无害化处理方式，实现废弃泥浆科学处置，将其回收利用是"无废城市"建设过程中亟待解决的问题。

目前废弃泥浆主要在墙体材料、人工合成骨料、水泥原料、混凝土掺合料和玻璃原料上有一定的应用，但是在这些应用过程中存在废弃泥浆的应用比例较小，且需要额外的能源对其进行处理的问题。废弃泥浆通常危害低，具有较好防渗、固沙功能，利用废弃泥浆较好的防渗透、粘滞固沙功能，将废弃泥浆撒在沙化土地、铁路路基风沙路段边坡表面，有助于防风固沙、水土保持。如何在现场进行泥浆分离物再利用已经成为泥浆处理中的一个重要问题，现场再利用不仅降低了废弃物外运的成本，同时还可以解决其他一些工程上需求。因此有必要探索废弃泥浆在其他方面的应用可行性。

随着我国国民经济持续增长及城市规模的快速扩展，交通运输需求日益增加。党的十九大报告中提出的贯彻新发展理念，建设现代化经济体系，加强水利、铁路、公路、水运、航空、管道、电网、信息、物流等基础设施网络建设。"十三五"期间，我国新建和维修道路约276万公里，国民对现代交通化体系的期盼越来越热烈，建设现代化的完善交通体系成为迫切期待。近十年来，我国交通基础设施建设进入迅猛发展时期，截至2020年年底，我国高速公路总里程已超过14万公里，高速铁路总里程超过3万公里，均位居世界第一。我国正处于交通结构优化的关键时期，根据《国家公路网规划（2013年—2030年）》，到2030年仍有2.6万公里的国家高速公路亟待建设，另有10万公里省干线公路急需改造。我国车流量图见图1-2。

图1-2 我国车流量图

大规模的道路建设需要大量的优质路基填料。江浙作为软土地区，路基填料获取比较麻烦，费用较高，若能通过一定的技术手段对废弃泥浆进行稳定处理，使其满足路基填料性能要求，一方面可以对废弃泥浆进行资源化应用，另一方面也能够提供路基材料，避免由于土石材料开挖对生态环境造成的破坏。

针对废弃泥浆的基本物理力学性能，结合现有的稳定土改性技术，可以从两个方面对废弃泥浆进行稳定处理。（1）纤维/水泥稳定废弃泥浆，由于泥浆具有高含水率的特性，以水泥为主要稳定材料以改善高含水率废弃泥浆力学性能，并通过添加纤维以提高其脆性性能和长期性能。（2）石灰稳定废弃泥浆，对于脱水后的废弃泥浆，以石灰为固化剂对其进行稳定处理以提高废弃泥浆的力学性能。围绕这两个基本核心，本书内容包括如下几部分：(1) 废弃泥浆脱水技术；从机械脱水、化学脱水和电渗脱水三个方面，对目前常用的废弃泥浆脱水技术进行了介绍。(2) 废弃泥浆的工程性能；以绍兴地区的废弃泥浆为例，从物理指标（颗粒组成、液塑限）、化学指标（微观结构、元素组成、化合物成分）以及力学指标（击实特性、CBR 值、水稳性）等角度对废弃泥浆的工程性能进行分析，探讨其应用于道路工程的可行性。(3) 纤维/水泥复合稳定废弃泥浆及其工程性能；采用纤维、水泥对高含水率（100%）废弃泥浆进行稳定处理，从室内试验和理论分析的角度对其路用性能（无侧限抗压强度、CBR 值、动力性能）、长期性能（时间效应、抗冻融循环性能）以及微观机理（强度形成机理、抗冻融机理）进行综合分析，对纤维/水泥复合稳定废弃泥浆的工程性能进行综合评价。(4) 石灰稳定废弃泥浆及其工程性能；采用石灰对脱水后的废弃泥浆（含水率为 30%~40%）进行稳定处理，从室内试验和理论分析的角度对其路用性能（击实特性、CBR 值、无侧限抗压强度、动力性能）、长期性能（含水率影响、时间效应、累积变形）以及微观机理（化合物组成、微观结构）进行综合分析，对石灰稳定废弃泥浆的工程性能进行综合评价。(5) 复合稳定废弃泥浆在道路工程中的应用。从适用范围、施工流程和工程评定三方面探讨了纤维/水泥复合稳定废弃泥浆作为路基材料在道路工程中的应用，并结合工程案例介绍了石灰稳定废弃泥浆作为路基材料在道路工程中的应用，以及在施工过程和工程评定中的主要施工要点。

本书通过理论分析和试验研究介绍了高含水率和脱水后废弃泥浆的稳定技术和复合稳定废弃泥浆的工程性能，并对复合稳定废弃泥浆在道路工程中应用进行了现场测试和应用探索，旨在为废弃泥浆的复合稳定技术的开发和在道路工程中的应用提供基本的试验数据和技术参考，同时也为废弃泥浆资源化利用提供基本的研究思路。

第 2 章

废弃泥浆脱水技术

废弃泥浆的含水率一般高于100%,一般需要先对其进行脱水处理,本章主要介绍目前常用的废弃泥浆脱水方法,包括机械脱水法、化学脱水法和电渗脱水法。

2.1 机械脱水法

泥浆机械脱水就是通过对泥浆采取加压的方式,将其中一部分水分挤出,常用的有压榨、沉降、过滤、离心分离等方法。机械脱水法只能除去泥浆中部分自由水分,结合水仍残留在泥浆中,但机械脱水法是一种最经济的脱水方法。

2.1.1 泥浆脱水机械

常见的泥浆脱水设备有真空吸滤机、板框压滤机、带式压滤机和离心脱水机。

1. 真空吸滤机

真空吸滤机是以循环移动的环型滤带或转鼓作为过滤介质,利用真空设备提供的负压和重力作用,使固液快速分离的一种连续过滤机,常见的有环带式真空吸滤机、折带式真空吸滤机和转鼓式真空吸滤机(图2-1)。

图 2-1 真空吸滤机

真空吸滤机的特点是可实现连续运行,过滤效率较高,过滤阻力较小。滤饼厚度可在3~120mm之间调节。过滤介质可正反面同时清洗,具有操作灵活,维修费用较低的特点。但是,其卸料比较困难,尤其对于黏度较大的污泥,卸料时存在挂料现象。滤饼含水率较高,一般含水率在45%左右。整体处理效率低,耗电耗水量较大,运行成本较高。布料不均匀会导致真空破坏,同时对于带式机容易造成滤带跑偏,设备占地较大。

2. 板框压滤机

板框压滤机(图 2-2)的构造简单,推动力大,适用于各种性质的污泥,且形成的滤饼含水率低。它只能间断运行,操作管理麻烦,滤布易坏。板框压滤机可分为人工和自动两种。与人工的相比,自动板框压滤机滤饼的剥落、滤布的洗涤再生和板框的拉开与压紧完全自动化,大大减小了劳动强度。自动板框压滤机有立式和卧式两种。

图 2-2 板框压滤机

板框压滤机最大的特点是可以适应各种污泥脱水,其脱水后的泥饼含水率相对其他脱水设备来说都要低,但板框压滤机只能间歇运行,处理效率相对较低,属开放式运行,其供料必须提供稳定的某压力下的泵输送,动力能耗较高,清洗水耗量大,设备本体占地较大,适用于工业化生产。

3. 带式压滤机

带式压滤机中,较常见的是液压带式压滤机(图 2-3)。其特点是可以连续生产,机械设备较简单,操作直观简单,无需设置高压供料泵或空压机,只需自流供料即可,其处理效率较高,处理后泥饼含水率比板框压滤机的稍高,动力能耗较低,水耗量较大,设备本体占地相对较小。

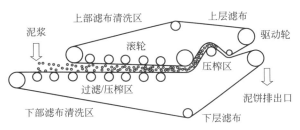

图 2-3 带式压滤机结构示意图

4. 离心脱水机

离心脱水机（图2-4）是利用固液两相的密度差，在离心力的作用下，加快同相颗粒的沉降速度来实现固液分离。

离心脱水机最大特点是全封闭连续运行，冲洗用水相对较少，运行环境较好。但其运行噪声较大，单机处理能力较小，处理后泥饼含水率比带式压滤机要高，药耗和电耗较高，进泥需要用螺杆泵来定压定量供给。另外，离心脱水机对于固体颗粒细小且有一定黏附性的泥浆，运行中经常出现堵机现象，转速差和扭矩调整不好时经常出现固体回收率直线下降的情况，而且对于高腐蚀性污泥，转鼓锥角部位的磨损较严重，严重影响转鼓使用寿命。

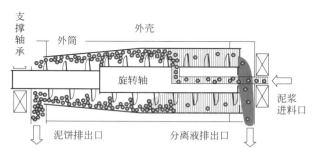

图2-4　沉降式离心机结构示意图

2.1.2　泥浆板框压滤脱水工艺

泥浆板框压滤脱水是目前常用的泥浆脱水技术，该技术分为两个阶段。首先将废弃的泥浆通过振动筛进行筛分，直径较大的砂颗粒被留在振动筛上面，然后排出回收，一方面减少了后续分离的工作量，另一方面分离出工程特性较好的砂，可继续再利用。处理后的泥浆按比例加入适量的絮凝剂（如有机絮凝剂可用阴离子聚丙烯酰胺，无机絮凝剂可用熟石灰）进行絮凝，用量按照使泥浆达到最佳絮凝效果及分离效果确定，充分搅拌后使其静置沉淀，剩下的泥浆通过板框压滤机（图2-5）进行压滤。

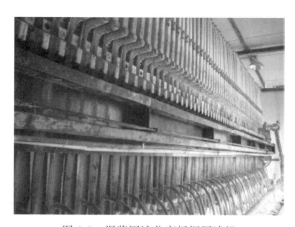

图2-5　泥浆固液分离板框压滤机

板框压滤机由交替排列的滤板和滤框构成一组滤室，滤室内部包裹着滤布，泥浆被填充在滤室中。在压力作用下，泥浆经过滤布，固体被留在滤布上，并逐渐在滤布上堆积形成过滤泥饼（图2-6）。

图2-6 分离出的泥饼

水渗透过滤布排出，经过一段时间的压滤之后，泥浆分离为硬度很高的泥饼和不含固体的清水，经过两步处理后，废弃泥浆实现了固液分离。

2.2 化学脱水法

2.2.1 絮凝作用机理

泥浆的化学脱水即采用絮凝剂对泥浆悬浮粒子进行絮凝沉淀脱水。絮凝作用机理大致分为4种，即压缩双电层理论、吸附电中和理论、吸附架桥理论和卷扫絮凝理论，但在实际絮凝过程中，往往是几种机理综合作用的结果。絮凝剂分为无机絮凝剂、有机絮凝剂和微生物絮凝剂。无机絮凝剂主要是通过改变泥浆分子间的互相作用力使泥浆絮凝。有机絮凝剂则是通过絮凝分子与土颗粒之间的作用完成絮凝效果，通过有机分子对土颗粒吸附力形成的桥架作用，形成了越来越多的土颗粒吸附其上的效果，最后在重力作用下沉淀分离。微生物絮凝剂是利用微生物技术，通过发酵、提取、精制，得到一种可生物降解的、新型的高安全性、高效率、低成本的泥浆处理生物。

聚丙烯酰胺（PAM）是一种常用的化学絮凝材料，其物理性状为白色粉末或小颗粒状物。它是水溶性高分子聚合物，不溶于大多数有机溶剂，可降低液体之间的摩擦阻力，具有絮凝性、黏合性、降阻性、增稠性等特点。其作用机理为：（1）PAM用于絮凝时，与被絮凝物种类表面性质，特别是动电位，黏度、浊度及悬浮液的pH值有关，通过改变颗粒表面的动电位实现聚合絮凝效果，加与泥浆表面电荷相反的PAM，能使动电位降低而凝聚。（2）吸附架桥作用，PAM分子链固定在不同的颗粒表面上，各颗粒之间形成聚合物的桥，使颗粒形成聚集体而沉降。（3）表面吸附作用，PAM分子上的极性基团颗粒的各种吸附能力，能使絮凝颗粒进一步融合，从而在重力作用下沉淀。（4）增稠作用，PAM分子链与分散相通过种种机械、物理、化学等作用，将分散相牵连在一起，形成网状链接，实现聚沉。可以看出，聚丙烯酰胺的絮凝效果，是其多种性质综合作用的最终效果。

废弃泥浆可通过先加入聚丙烯酰胺（PAM）进行固液分离，抽去上层清水后加入生石灰搅拌的方法进行处理。PAM（阴离子）最佳加入量为 1.0～1.1g/L，生石灰最佳加入量为 10g/L，宜采用均匀快速的搅拌方式。该方法具有泥水分离速度快，后续处理效果好，可有效减少环境污染，节约施工处理成本的特点。

微生物絮凝剂的细菌广泛分布在土壤和水中，并且具有多样性，包括细菌、真菌、放线菌、酵母和藻类。絮凝剂组合物也是多种多样的，通常由多糖、蛋白质、DNA、纤维素、糖、蛋白质、聚氨基酸和其他组分组成。大多数微生物絮凝剂是带生物活性的物质，可生物降解，无二次污染，克服了安全问题和环境污染问题，并具有较高的絮凝特性。因此微生物絮凝剂具有广阔的发展前景，近年来已成为研究热点。

2.2.2 絮凝脱水施工工艺

胡承雄在对京沪高速现场废弃泥浆进行采样分析的基础上，考虑施工现场情况，提出了废弃泥浆絮凝脱水处理工艺，如图 2-7 所示。

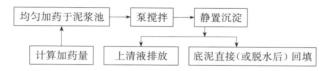

图 2-7 泥浆现场化学处理工艺流程

废弃泥浆絮凝脱水工艺主要包括加药与搅拌（图 2-8）、静置沉淀、排放上清液（图 2-9）、泥浆浆池回填（图 2-10）。

图 2-8 加药与搅拌

通过对混凝剂品种、加药量和加药方式的试验室试验，以及混凝沉淀后的上清液进行了水质分析，对沉淀底泥的生态安全性进行了评价。结果表明，采用混凝沉淀方法处理废弃泥浆，上清液可以达标排放。覆土填埋后底泥不会对农作物的生长产生不利影响，能够满足环境及生态安全要求。

图 2-9　上清液排放

图 2-10　泥浆池回填

2.3　电渗脱水法

2.3.1　电渗脱水基本原理

电渗脱水的研究始于 20 世纪 60 年代。其电极反应可以概括为：
阳极

$$H_2O \longrightarrow O_2\uparrow + H^+ \tag{2-1}$$

$$M_a \longrightarrow M_a^{n+} + ne^- \tag{2-2}$$

其中，M_a 为阳极金属。式(2-1) 指出阳极水解产生氧气并降低溶液的 pH 值，结果金属阳极会被腐蚀，如式(2-2) 所示。

阴极

$$H_2O \longrightarrow H_2\uparrow + OH^- \tag{2-3}$$

$$M_i^{n+} + ne^- \longrightarrow M_i\downarrow \tag{2-4}$$

$$M_i^{n+} + nOH^- \longrightarrow M_i(OH)_n \downarrow \tag{2-5}$$

其中，M_i^{n+} 表示溶液中溶解的第 i 种阳离子。

溶液的pH值将迅速增加到11～12，如式(2-3)所示，在阴极将产生氢气。阳离子被电梯度驱动到阴极，还原为元素金属，如式(2-4)和（或）更多可能形成氢氧化物，如式(2-5)所示。泥浆电渗排水试验装置如图2-11所示。

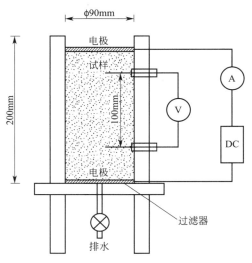

图 2-11 泥浆电渗脱水试验装置

电渗脱水有两个作用：进一步降低泥浆含水量平衡电化学影响。如果底部排水可用，则电极布置上阳极和下阴极是最有效的进行电渗脱水的方法，电渗流量与水力梯度一致。

2.3.2 不同电极材料电渗

电极材料是影响电渗能耗和效果的关键因素之一。不同的电极材料会引起不同的电极反应，进而导致阳极电势损失、离子生成以及水分迁移过程的差异。电极材料的影响主要表现在电渗效率、电极的腐蚀和使用寿命三个方面。

铁、铜、铝和石墨是较为常见和传统的电极材料，在电渗过程中，铁、铜、铝和石墨等传统电极材料不可避免地表现出各种不足之处，如其中金属材料具有阳极腐蚀严重、排气困难、电极和土体接触不良和电极的生成成本较高等缺点。同时，土壤类型会对电极的电渗效果产生影响，对于铜质高岭土，采用铜电极时，土壤介质中铜离子以及阳极反应生成的铜离子均会促进阴极发生下列反应：

$$Cu^{2+} + 2e \longrightarrow Cu \tag{2-6}$$

而钠质高岭土或铁、石墨电极的试验中阴极反应为：

$$2H_2O + 2e \longrightarrow H_2 \uparrow + 2OH^- \tag{2-7}$$

对于钠质高岭土，铁、铜和石墨的阳极反应不同，阴极反应相同，均为式(2-7)阴极反应对电渗效率起主导作用。因此可得到铁、铜和石墨三种电极表现相当；而对于铜质高岭土，采用铜电极的阴极反应（2-6）比其他两种电极的阴极反应更易发生，这也导致试验中铜电极电渗效果比铁和石墨电极要好。不同的电极材料会引起不同的电极反应，导致电势损失、离子生成以及水分迁移过程的差异,进而引起电渗效果的千差万别。可见,电极材料对电渗过程的影响主要通过电极反应体现。

一般来说,不同的金属材料的阴极反应均先不考虑泥浆性能对电极反应的可能影响,但阳极反应不同,这也是不同电极材料引起电渗过程差异的根本来源。从这个角度推断,电渗过程中,不同电极材料的最大差异在于阳极反应的不同而引起的电势损失和生成离子类型的差异。电渗脱水的本质是离子带动水分的迁移运动,阳极反应生成的离子势必会进入土壤,其对水分的迁移能力如何以及对电渗过程具有怎样的影响是关键。

2.3.3 电渗脱水技术优化与改进

(1) 小电极间距

在电渗脱水研究过程中,电极间距一定时,脱水处理的总体效果随加载电压的增加而提高,而能耗亦随之提高,故应综合考虑能耗与脱水效果,从经济性角度对加载电压进行优化选取。泥浆电动脱水处理过程中,已脱水污泥分压上升使未脱水污泥电压下降,造成了电渗流量与脱水效果的衰减,电能的利用率亦随时间衰减。常规的电极位置固定的电动脱水处理方法中,电极间已脱水污泥的高能低效问题不可避免,这是影响脱水处理效果的根本原因。如何在电动处理过程中使加载电压充分作用于未脱水污泥、提高脱水处理效果,是电动脱水处理技术需解决的问题。

小电极间距条件下电动脱水处理的能效更高,而选择小电极间距时,电动处理技术还可与传统的机械脱水方法相结合,可尝试将改造后的电极装入污泥带式压滤机的滤带中,在增加了电极间距的电场作用后,压滤机的脱水效果有了显著提高。从能效和应用角度考虑,使用小电极间距进行电动脱水处理的可行性更高,故以下选取电极间距为分析条件,探讨污泥电动脱水处理中的电压优化选择的方法。

电动脱水处理过程中,电渗流量与脱水效果随未脱水污泥内电压的下降而衰减,若能保持未脱水污泥内的电压梯度,则可维持较高的脱水效率。由于未脱水污泥电阻基本不变,脱水处理过程中电流与未脱水污泥内的电压梯度成正比,若在处理中保持电流恒定,未脱水污泥内的电压梯度也将维持不变。随着脱水污泥电阻的增加,可逐渐提高加载电压以维持恒定电流,该方法可弥补未脱水污泥内的电压损失,但随电压的增加已脱水污泥会消耗更多的电能。

(2) 移动电极法电动脱水处理

常规的使用固定电极进行的电动脱水处理过程中,已脱水污泥的高能低效问题难以解决,若能越过已脱水污泥使电压充分作用于未脱水污泥,则可避免电能利用率和电动脱水效率的衰减。冯源设计了一种移动电极装置,对污泥进行电动脱水处理,通过处理过程中调节电压加载区域避免电动脱水效率的衰减,以期与常规固定电极的处理方法相比能够提高电动脱水处理的效果。

采用移动式电极处理,电极间污泥在作用下可被均匀脱水至左右,效果明显优于固定电极,移动电极法在能耗与脱水效果两方面均较固定电极法有显著优势,当电极间距相同时,采用移动电极法处理的能耗与脱水效果均随电压的增加而提高,相同电压梯度下,移动电极法的脱水效果一致,而能耗随电极间距的增加等比例增长。

使用该设备对污泥进行电动脱水处理前应先通过室内试验确定被处理污泥的电渗特

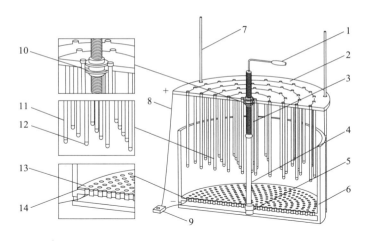

图 2-12 移动电极式电动脱水设备示意图

1—转把；2—有机玻璃上板；3—螺杆；4—有机玻璃杆；5—轴承；6—PVC 装样筒；7—支撑杆；
8—导线；9—可调电压直流电源；10—螺母；11—不锈钢导电杆；12—尖头合金电极；
13—多孔合金电极板；14—土工织物反滤层

性，进而确定不同加载电压下应选取的电极移动速率。装样前通过手动或机械装置转动螺杆以提升安装移动电极的上板，将需处理污泥装入装样筒后，调整上板位置使阳极与污泥接触后，接通电源开始电动脱水处理。如图 2-12 所示，处理过程中以固定转速转动螺杆实现移动电极的匀速下降，并同步降低直流电源的输出电压、保持电极间恒定的电压梯度，电渗脱除水分通过装样筒底部开孔隔层排出。

电动脱水试验及模拟分析结果表明，小电极间距条件下处理能效更高，小电极间距的电动脱水处理也便于与传统的机械脱水方法结合，有较好的应用前景。电极间距确定的前提下，可由试验或模拟分析获取不同电压下电动脱水处理的能耗与脱水效果，通过比较电动处理费用和脱水减量减少的污泥后续处置费用，对不同电压下脱水处理的经济性作出分析，优化选取加载电压。

2.4 本章小结

机械脱水法、化学脱水法和电渗脱水法是废弃泥浆脱水的常用工艺，其中化学脱水法适用于将废弃泥浆进行初步沉淀，从而降低含水率至 80%～100%；机械脱水法和电渗脱水法可将废弃泥浆含水率降至 30%～40%。为了进一步提高废弃泥浆脱水效率，可采用多场耦合脱水技术，如强夯与电渗耦合、真空预压与电渗耦合等技术对废弃泥浆脱水技术进行深入挖掘。

第3章

废弃泥浆工程性能

本章主要从废弃泥浆的物理指标、化学指标和力学指标对废弃泥浆的工程性能进行介绍。

3.1 废弃泥浆基本物理指标

(1) 颗粒分析

通过筛分法进行废弃泥浆的颗粒分析，其级配曲线如图 3-1 所示。利用 Mastersizer2000 型激光粒度仪对粒径小于 0.075 颗粒进行粒度分析，得到颗粒分布结果如图 3-2 所示。

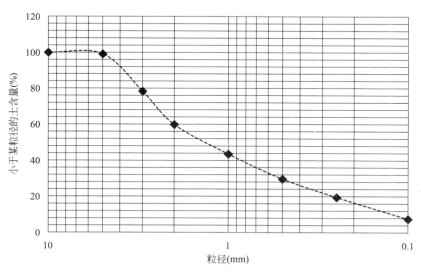

图 3-1 废弃泥浆筛分结果

从图 3-1 和图 3-2 可以发现废弃泥浆粒度较细，颗粒级配与天然黏土类似。

(2) 液塑限分析

对废弃泥浆进行液塑限试验，可得其物理性质指标见表 3-1。

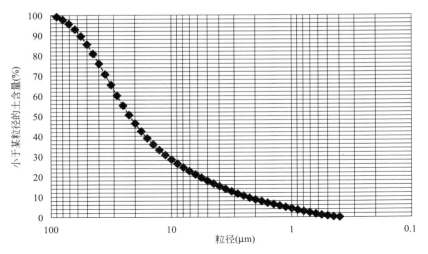

图 3-2 小于 0.075mm 的废弃泥浆颗粒分布曲线

建筑废弃泥浆物理性质指标表　　　表 3-1

序号	液限(%)	塑限(%)	塑性指数 I_p	水溶性盐含量(%)	有机质含量(%)
1	47.7	25.8	21.9	0.2	1.12
2	45.0	25.0	20.0	0.25	0.939

由表 3-1 可知废弃泥浆的液限均小于 50%、塑性指数小于 26，水溶性盐含量小于 5%，有机质含量小于 8%，满足《城市道路设计规程》DGJ08—2106—2012 中细粒土作为路基填料的要求。故该种干土样加以处理可以作为路基填料使用。由《公路土工试验规程》JTG E3430—2020 中细粒土判断标准作图，据图 3-3 可知该土样属于低液限黏土。

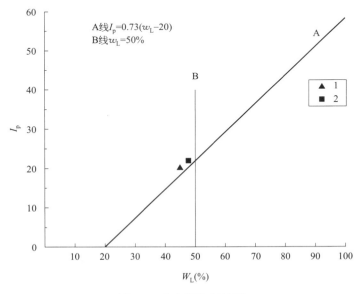

图 3-3 废弃泥浆塑性图

3.2 废弃泥浆化学指标

对烘干后的废弃泥浆进行 SEM、EDX 和 XRD 测试,得到其微观结构、元素成分和化合物组成分别如图 3-4~图 3-6 所示。

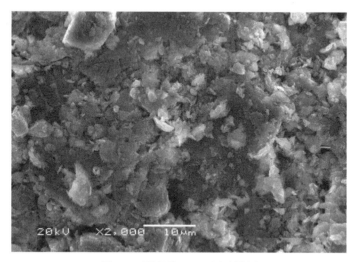

图 3-4 泥浆的 SEM 测试结果

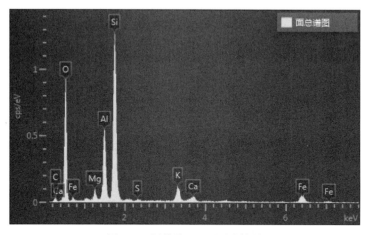

图 3-5 泥浆的 EDX 测试结果

利用 X 射线荧光光谱分析(XRF)对废弃泥浆的化学成分进行分析,其结果见表 3-2。

废弃泥浆 XRF 检测结果 表 3-2

化合物种类	SiO_2	Al_2O_3	CaO	Fe_2O_3	K_2O	MgO	Na_2O
含量(%)	61	16.5	7.7	5.9	3.2	2.4	1.1

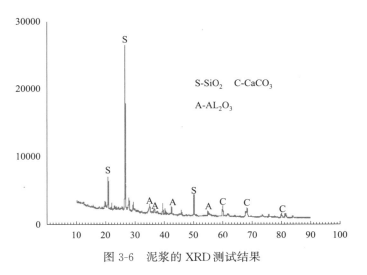

图 3-6　泥浆的 XRD 测试结果

从以上分析可知，废弃泥浆的主要成分为：SiO_2，CaO，Al_2O_3，K_2O 和 Na_2O。从其化合物组成来看，废弃泥浆对环境的影响满足《公路路基设计规范》JTG D30—2015 的要求。

3.3　废弃泥浆力学性能指标

3.3.1　废弃泥浆标准击实

将废弃泥浆进行烘干，经标准击实试验，其击实曲线如图 3-7 所示，可得出其最佳含水率为 14.6%，最大干密度为 1.84g/cm³。

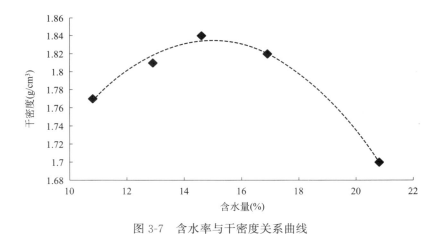

图 3-7　含水率与干密度关系曲线

3.3.2　废弃泥浆 CBR 检测

在最佳含水量状态下，对废弃泥浆分别进行压实度为 100%、98% 和 93% 的 CBR 试验，得到试验结果见表 3-3。

CBR 值测试结果　　　　　　　　　　　　　　表 3-3

类别	100%压实度	98%压实度	93%压实度
CBR 值	9.5	1.8	0.9

根据土质路基上路床压实标准不低于 96% 的要求，未经处置的废弃泥浆在最佳含水率状态下的 CBR 值不满足要求，需进行改良处理。

3.3.3 废弃泥浆剪切性能检测

在最佳含水量状态下，对废弃泥浆分别进行法向应力为 100kPa、200kPa、300kPa 和 400kPa 的直剪试验，得到试验过程的对应的剪切强度为 78kPa、141kPa、214kPa 和 261kPa，根据摩尔-库伦原理可得法向应力和剪切强度的拟合曲线如图 3-8 所示。

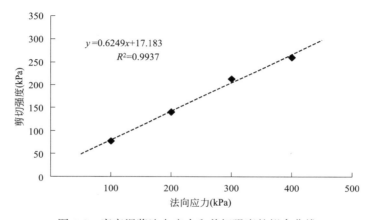

图 3-8　废弃泥浆法向应力和剪切强度的拟合曲线

从图 3-8 可以得出，废弃泥浆在最佳含水率状态下的黏聚力为 17.2kPa，内摩擦角为 32°（tan32°=0.6249）。废弃泥浆的黏聚力低于一般黏土。

3.3.4 废弃泥浆水稳定性检测

根据乐金朝等对钢渣稳定土水稳定性研究的试验方法对最佳含水率状态下的废弃泥浆进行干湿循环试验，以干湿循环后的无侧限抗压强度表征其水稳定性能，得到其 0 次，1 次和 2 次干湿循环试验数据见表 3-4。

干湿循环后的无侧限抗压强度　　　　　　　　　表 3-4

类别	0 次干湿循环	1 次干湿循环	2 次干湿循环
无侧限抗压强度(MPa)	0.7	0.65	0

从表 3-4 可以看出，1 次干湿循环后，废弃泥浆的无侧限抗压强度降低 0.05MPa，2 次干湿循环后试样开始崩解，其强度为 0，说明废弃泥浆的水稳定性较低。

3.4 本章小结

通过对废弃泥浆的物理性能、化学组成和力学性能研究可得出：废弃泥浆和黏土具有相似的颗粒组成和化合物组成，其最佳含水率为 14.6%，最大干密度为 1.84g/cm³。在最佳含水率状态下的 CBR 值不满足路基规范要求，在此状态下黏聚力为 17.2kPa，内摩擦角为 32°，废弃泥浆的黏聚力低于一般黏土。废弃泥浆的水稳定性较低。因此，需要采用一定的措施对其进行稳定处理，以提高其工程性能。

第4章

纤维/水泥复合稳定废弃泥浆工程性能

将废弃泥浆重新投入工程中使用需要对其进行有效的稳定处理,由于废弃泥浆含水率高和泥浆脱水能耗较高的特点,对高含水率废弃泥浆进行复合稳定具有重要的研究意义。水泥作为一种固化剂,已经应用在大量的工程实践中,所以使用水泥作为泥浆的固化剂并对其进行稳定处理是一个非常有效的处理方式。废弃泥浆混合水泥后,水泥颗粒表面的矿物迅速与泥浆中的水发生水解、水化、凝硬、碳酸化等化学反应,产生质地更为坚硬的化合物,从而让泥浆具有较高的强度。因水泥具有施工简便、成本低廉、低污染等优点,所以作为稳定材料被大量使用在软基加固、基础防漏、渠岸护坡等工程中,除了上述优点外,水泥也有弊端,如泥浆经水泥稳定后其脆性也随之增加,这也带来了一定的工程隐患。为了解决水泥固化后的弊端,许多专家学者通过研究发现泥浆中加入纤维可以有效改善高脆性。因此,综合考虑纤维和水泥对泥浆的实际改良效果,可采用纤维、水泥对高含水率的泥浆进行稳定处理,使其满足路基填料的性能要求。

长期性是检验路基材料性能的一项重要指标,因此结合纤维/水泥复合稳定废弃泥浆的特点,可将无侧限抗压强度作为主要指标,然后对7d、14d、28d、56d、90d、120d、150d和180d八个养护龄期的不同水泥和纤维掺量的纤维/水泥复合稳定废弃泥浆的力学特性进行试验研究,并建立其时间效应模型。同时,对不同纤维掺量的纤维/水泥复合稳定废弃泥浆进行1次、3次、5次、10次冻融循环后的力学特性研究,并建立其冻融损伤模型。在此基础上进行微观性能分析,揭示力学性能变化机理,为高含水率废弃泥浆的稳定处理和在道路工程中的应用提供参考。

4.1 纤维/水泥复合稳定废弃泥浆路用性能

4.1.1 配合比设计

为了研究水泥与水泥-纤维复合掺入对稳定泥浆强度的影响,以及随着养护时间的变化对泥浆力学特性的影响规律。依据《水泥土配合比设计规程》JGJ 233—2011中的规定,设计稳定泥浆中各个材料的掺量。其中水泥强度等级为 P·O32.5,纤维为聚丙烯纤维,其长度为 6mm,直径为 13～40μm。

参考工程实践中水泥土一般掺入的水泥掺量,水泥掺量分别为 5%、10%、15%、20% 和 25%。水泥掺量的计算公式为:

$$A_w = \frac{m_c}{m_s} \qquad (4-1)$$

式(4-1)中 A_w 代表水泥的掺量,m_c 和 m_s 分别代表水泥和泥浆干重的质量。

聚丙烯纤维掺量分别为 0、0.25%、0.5%、0.75% 和 1%。聚丙烯纤维掺量的计算公式为:

$$A_{fw} = \frac{m_f}{m_s} \qquad (4-2)$$

式(4-2)中 A_{fw} 代表聚丙烯纤维的掺量,m_f 和 m_s 分别代表聚丙烯纤维和泥浆干重的质量。

泥浆的含水率计算公式为:

$$w = \frac{m_w}{m_s} \qquad (4-3)$$

式(4-3)中 w 代表泥浆的含水率,m_w 和 m_s 分别代表水和泥浆干重的质量。

将 5%、10%、15%、20%、25% 五个掺量作为水泥稳定废弃泥浆(简称 CMS)的水泥掺量变化因素,将 0、0.25%、0.5%、0.75%、1% 五个纤维掺量作为纤维/水泥稳定废弃泥浆(简称 FCMS)的纤维掺量变化因素。主要进行 CBR 试验、无侧限抗压强度试验和动三轴试验,主要材料配比和试验方案见表 4-1。

CMS/FCMS 配合比试验方案　　　　表 4-1

材料类型	水泥掺量(%)	纤维掺量(%)	含水率(%)	养护龄期(d)	试验内容
CMS	5、10、15、20、25	0	100	7	CBR
				7、14、28、56、90、120、150、180	无侧限抗压强度试验、动三轴试验
FCMS	20	0、0.25、0.5、0.75、1	100	7	CBR
				7、14、28、56、90、120、150、180	无侧限抗压强度试验、动三轴试验

4.1.2 CBR 值

CBR 是评价路基材料的主要力学指标,根据表 4-1 的试验方案,对 CMS 和 FCMS 进行 CBR 测试。由于试样材料呈流塑状态,试样采用振动成型方式。采用水中养护的方式进行养护,养护时间为 3d,按照《公路土工试验规程》JTG 3430—2020 中 CBR 试样要求,放置承压板用于测试膨胀量,96h 后进行贯入试验。试验过程的贯入曲线如图 4-1 所示。

从图 4-1 可得到 CMS 和 FCMS 的 CBR 值见表 4-2。

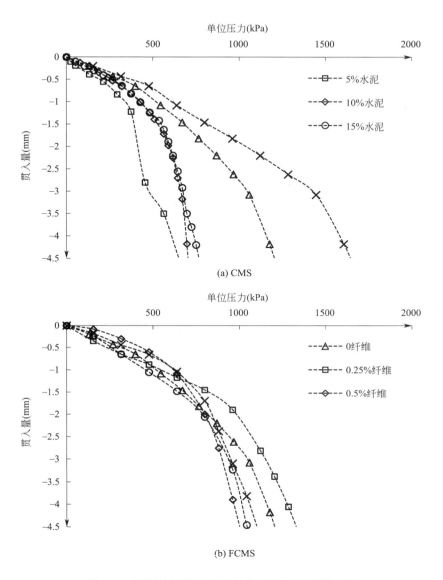

图 4-1 纤维/水泥复合稳定废弃泥浆 CBR 测试曲线

纤维/水泥复合稳定废弃泥浆 CBR 值　　　　表 4-2

水泥掺量(%)	5	10	15	20	25	20	20	20	20
纤维掺量(%)	0	0	0	0	0	0.25	0.5	0.75	1
CBR(%)	3	9	9	13	18	15	12	12	13

从表 4-2 中可以得到，水泥掺量超过 10% 时，高含水量泥浆的 CBR 值满足《公路路基设计规范》JTG D30—2015 要求，并且随着水泥掺量的增加 CBR 值逐渐增加。纤维掺量的增加对 CBR 值作用不明显。

4.1.3 无侧限抗压强度

(1) 试样制备与试验设备

参考《公路土工试验规程》JTG 3430—2020，根据试验方案在试验前计算好各个材料掺入的质量，将称量好的泥浆、水、水泥、纤维一起慢慢加入搅拌机中，搅拌 4 次，每次搅拌 6min，保证每个部分搅拌均匀充分。搅拌机如图 4-2 所示。考虑纤维的质量较小，所以采用精度高的电子秤（精确至 0.001g），如图 4-3 所示。

图 4-2 搅拌机

图 4-3 高精度电子秤

试样为直径×高度为 39.1mm×80mm 的圆柱体，试样的制样器如图 4-4 所示。

试样制作完毕，先静置两小时，后用滤纸包裹住试样两端，用橡皮筋捆扎好放入水中养护，如图 4-5 所示。根据设计的养护龄期，在养护结束后将试样从水中取出放入无侧限抗压强度仪器中进行试验。

试验所用的主要仪器设备为电热恒温鼓风干燥机和全自动多功能无侧限抗压强度试验系统。试验所用的电热恒温鼓风干燥机为 101-1 型电热恒温鼓风干燥箱（图 4-6）。仪器参数见表 4-3。

第 4 章　纤维/水泥复合稳定废弃泥浆工程性能

图 4-4　制样器

图 4-5　试样养护

图 4-6　电热恒温鼓风干燥箱

电热恒温鼓风干燥箱参数				表 4-3
产品	电压(V)	功率(W)	室温(℃)	工作室尺寸(cm)
101-1 型电热恒温鼓风干燥箱	220	2000	10～300	35×45×45

无侧限抗压强度试验使用全自动多功能无侧限抗压强度试验仪。通过试验可以得到无侧向压力条件下土体抵抗轴向压力的极限强度，如图 4-7 所示。

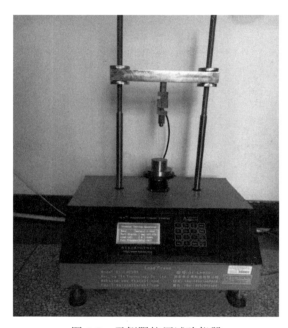

图 4-7 无侧限抗压试验仪器

参考《公路土工试验规程》JTG 3430—2020，试验的加载速率设定为 1mm/min。

(2) 水泥稳定泥浆无侧限抗压强度

试样含水率为 100%，养护龄期分别为 7d、14d、28d、56d、90d、120d、150d 和 180d，在每个养护龄期下水泥掺量分别为 5%、10%、15%、20% 和 25%，对其进行无侧限抗压强度试验，得到不同水泥掺量、养护龄期下应力-应变曲线如图 4-8 所示。

由图 4-8 可知，CMS 的应力-应变曲线均存在明显的峰值，当强度未达到峰值前，在应力-应变曲线硬化阶段，强度随着应变的增大而急剧增大，当强度达到峰值后，强度随着应变的增大缓慢减小，且最后均趋向于一个常数值。CMS 无侧限抗压强度的增速随着龄期的增加而下降，在龄期 90d 以后其抗压强度开始缓慢增加，而且强度在峰值后的下降速度加快，随着水泥掺量的增加，其强度下降速度越快，残余强度接近于 0。从图 4-8 中各组曲线的残余强度来看，当水泥掺量为 5%～15% 时，水泥掺量的增加导致泥浆强度增加，且泥浆本身的抗裂性也较高，导致其残余强度随着水泥掺量的增加而增加。当水泥掺量为 15%～25% 时，水泥掺量的继续增加导致泥浆的脆性加强，导致其残余强度便随着水泥掺量的增加而降低。

根据图 4-8 的应力-应变曲线，曲线峰值应力为 CMS 的无侧限抗压强度值，汇总见表 4-4。

第4章 纤维/水泥复合稳定废弃泥浆工程性能

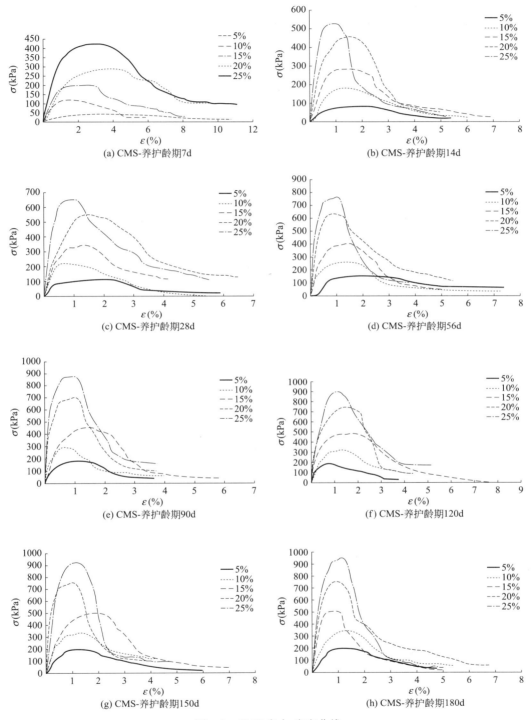

图4-8 CMS应力-应变曲线

CMS 无侧限抗压强度（kPa） 表 4-4

水泥掺量(%) 龄期(d)	5	10	15	20	25
7	43	122	199	298	423
14	81	179	283	448	518
28	113	221	339	553	648
56	151	248	404	625	755
90	184	288	448	701	867
120	194	322	478	743	899
150	195	331	489	752	918
180	205	338	502	756	953

根据表 4-4 可以得到养护过程中不同水泥掺量的 CMS 无侧限抗压强度变化，如图 4-9 所示。

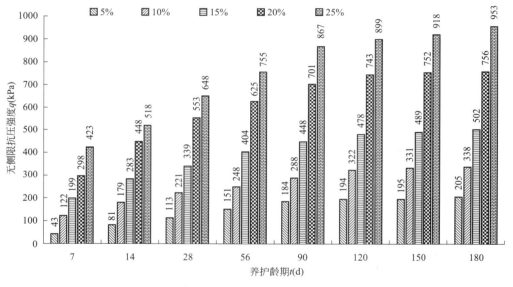

图 4-9　养护过程中 CMS 无侧限抗压强度变化

由图 4-9 可以得知，每个养护龄期的 CMS 无侧限抗压强度都是随着水泥掺量的增加而增加，且水泥掺量 20%～25% 的 CMS 无侧限抗压强度的增量明显减少，可以看出水泥为最佳掺量在 20%～25% 范围内。

根据表 4-4 可以得到每个水泥掺量下不同养护龄期的 CMS 无侧限抗压强度变化，如图 4-10 所示。

由图 4-10 可以看出每个水泥掺量下的 CMS 无侧限抗压强度均是随着养护时间的增加呈先递增后趋于不变的趋势，由此可知水泥掺量增加不改变 CMS 90d 后其水化反应逐渐停止的情况。

根据公式 $Z=\dfrac{\sigma_{25\%}}{\sigma_{5\%}}$，$Z$ 为倍数，$\sigma_{25\%}$ 是水泥掺量 25% CMS 的峰值强度，$\sigma_{5\%}$ 是水泥

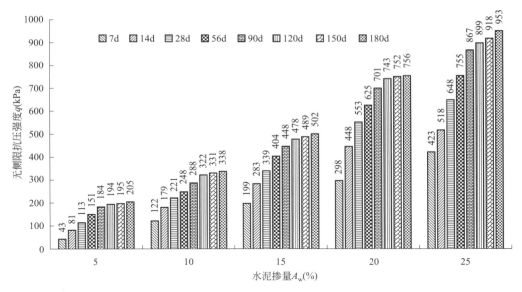

图 4-10 不同水泥掺量的 CMS 无侧限抗压强度变化

掺量5% CMS 的峰值强度。试验测得不同养护龄期下，25%水泥掺量 CMS 强度相比于5%水泥掺量 CMS 强度递增的倍数变化，如图 4-11 所示。

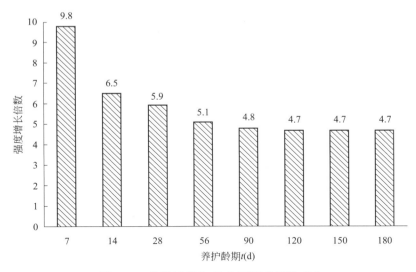

图 4-11 养护过程中 CMS 强度的倍数变化

由图 4-11 可以看出随着龄期的增加，强度增加倍数逐渐减少最后趋于一个稳定值，由此可知在龄期 90d 后，能以 5%水泥掺量的 CMS 强度推算出其 25%水泥掺量的强度。

根据公式 $Z=\dfrac{\sigma_{180d}}{\sigma_{7d}}$，$Z$ 为倍数，σ_{180d} 是养护龄期 180d CMS 的峰值强度，σ_{7d} 是养护龄期 7d CMS 的峰值强度。试验测得不同水泥掺量下，180d 龄期 CMS 强度相比于 7d 龄期 CMS 强度递增的倍数变化如图 4-12 所示。

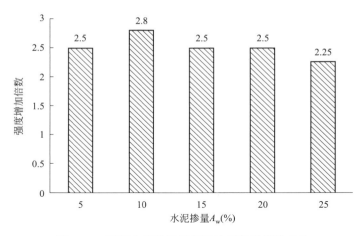

图 4-12　不同水泥掺量无侧限抗压强度倍数变化

由图 4-12 可知每个水泥掺量下，CMS 因养护龄期递增，其强度增加的倍数均在 2.5 倍左右，由此可知随着养护龄期的递增，对不同水泥掺量的 CMS 改善效果相当，工程实际能利用这个规律推导不同水泥掺量下其 180d 的强度。

（3）纤维/水泥稳定泥浆无侧限抗压强度

试样含水率是 100%，养护龄期为 7d、14d、28d、56d、90d、120d、150d 和 180d，水泥掺量为 20%，纤维掺量分别为 0、0.25%、0.5%、0.75% 和 1%。试验得到不同纤维掺量、养护龄期下应力-应变曲线如图 4-13 所示。

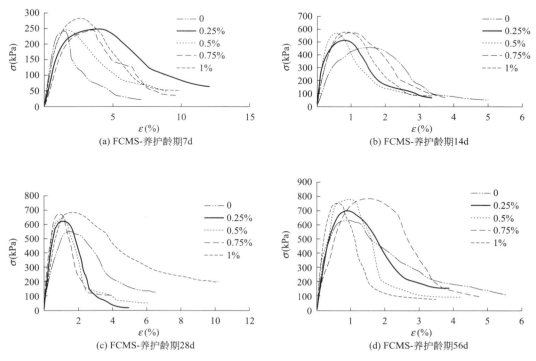

图 4-13　FCMS 应力应变曲线（一）

第 4 章　纤维/水泥复合稳定废弃泥浆工程性能

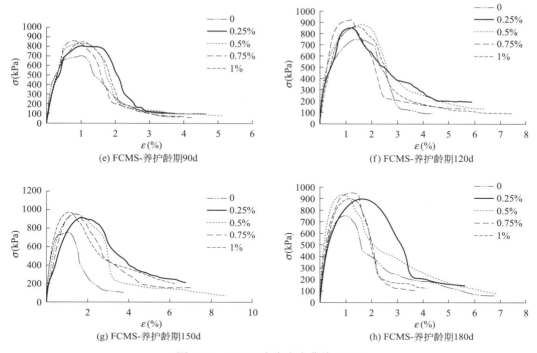

图 4-13　FCMS 应力应变曲线（二）

由图 4-13 可知，掺入纤维后，在硬化阶段，FCMS 比 CMS 弹性模量略微减小，且无侧限抗压强度均有明显的增加。在破坏软化阶段，曲线在峰值之后开始变缓逐步下降，强度的减小速率逐渐降低，残余强度阶段逐渐拉长。观察其残余强度，可以发现相比于未掺入纤维的 CMS 其残余强度均要偏大。

这是因为在 CMS 中掺入纤维后，增大了其抗压强度，从而无侧限抗压强度也随之增大。并且纤维对于 CMS 能起到增加韧性的功能，降低了 CMS 的脆性，所以峰值强度对应的应变和残余强度也相应增大，因此纤维减弱了其脆性，使初始弹性模量降低。

图 4-14　不同纤维掺量 FCMS 破坏形式

由图 4-14 可知，试验结束后，试样出现一条斜向贯穿破坏的裂缝，破坏后整体完整，不松散。这与同养护龄期下 20% 水泥掺量 CMS 进行对比可以得出，掺入纤维后的 FCMS，整体变形更加协调，裂缝数量减小，贯穿裂痕深度变浅。将图 4-14 中（b）、（c）进

029

行对比可以看出,当纤维掺量继续增加,原本整个试样破坏的形式变成了其中一部分破坏,提升了抗变形的能力。由此可以得出纤维不仅能改良 CMS 的韧性还能提高其抗变形能力。这是因为 FCMS 随着压力增大,纤维在 CMS 内部与其土颗粒之间的摩擦力随之变大,并且纤维会在 CMS 内部互相纠缠,从而使其颗粒与纤维之间的结构变得十分致密。而后,纤维在 CMS 内部与颗粒接触处的摩阻力会重新分布,空间交织结构不断重新排列,同时不同位置的纤维抗拉强度不断发挥,致使纤维和土体之间的咬合摩擦力增加,以及纤维在土体中纠缠形成的空间约束力也在提升,尽管错动,纤维与土之间的摩擦力与空间约束力还是保持存在,并随应变的变动强度保持在一定水平之上。

根据图 4-13 可得 FCMS 的无侧限抗压强度见表 4-5。

FCMS 无侧限抗压强度（kPa） 表 4-5

纤维掺量(%) 龄期(d)	0	0.25	0.5	0.75	1
7	299	331	352	369	384
14	449	508	549	563	572
28	548	618	650	673	681
56	632	699	738	777	751
90	698	798	839	862	851
120	751	847	883	920	864
150	769	918	952	971	953
180	777	902	944	951	902

根据表 4-5 可以得到养护过程中不同纤维掺量下 FCMS 无侧限抗压强度变化,如图 4-15 所示。

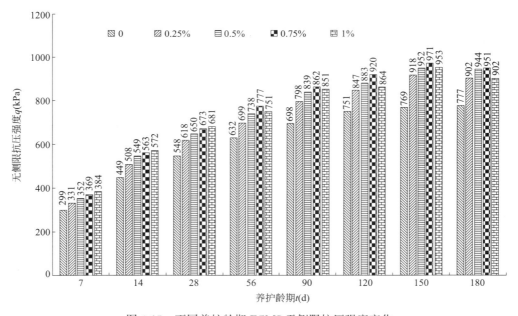

图 4-15　不同养护龄期 FCMS 无侧限抗压强度变化

从纤维掺量对 FCMS 无侧限抗压强度影响角度来分析，从表 4-5、图 4-15 中可以看出每个龄期的无侧限抗压强度变化规律相近。纤维掺量在 0.25%～0.75% 范围内，无侧限抗压强度随着纤维掺量的增加而增加。纤维掺量在 0.75%～1% 范围内，养护龄期 7～90d 无侧限抗压强度随着纤维掺量的增加变化不大。而 90～180d 无侧限抗压强度有略微的减少，由此可知纤维不是越多越好，当纤维掺量超过 0.75% 后，随着养护龄期增加，试样脆性也随之增加，过量的纤维反而破坏其整体性，从而导致强度下降。

根据表 4-5 可以得到每个纤维掺量下不同养护龄期的 FCMS 无侧限抗压强度变化，如图 4-16 所示。

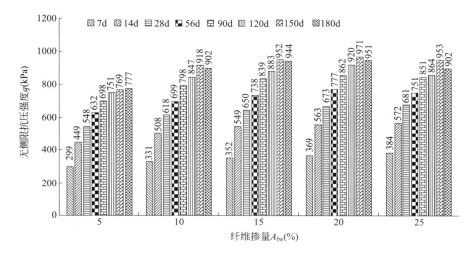

图 4-16　不同纤维掺量时 FCMS 无侧限抗压强度变化

如图 4-16 所示，从养护龄期对 FCMS 无侧限抗压强度影响角度来分析，养护龄期在 7～180d 时，每个纤维掺量下 FCMS 随着龄期的增加其无侧限抗压强度变化规律相近，均是随着养护龄期的增加，FCMS 的无侧限抗压强度逐渐增加。

根据公式 $Z = \dfrac{\sigma_{1\%} - \sigma_0}{\sigma_0}$，$Z$ 为倍数，$\sigma_{1\%}$ 是纤维掺量 1% FCMS 的峰值强度，σ_0 是纤维掺量为 0 时 FCMS 的峰值强度，测得不同养护龄期下，纤维掺量 1% 时 FCMS 的峰值强度相比于纤维掺量为 0 时 FCMS 的峰值强度增加比例的变化，如图 4-17 所示。

从不同养护龄期下纤维对 FCMS 强度改良效果来看，如图 4-16 可以看出养护龄期在 7～90d 之间时，强度增加比例均在 10.7%～12.8% 之间，改良效果十分相近。养护龄期在 90～180d 之间时，强度增加比率增大，最高达到了 26.2%，最低为 12.8%，由此可知，纤维在龄期 90d 后，其强度改良效果大大增加。

经试验测得不同纤维掺量下，纤维掺量 1% 时 FCMS 的峰值强度相比于纤维掺量为 0 时 FCMS 的峰值强度增加比例的变化，如图 4-18 所示。

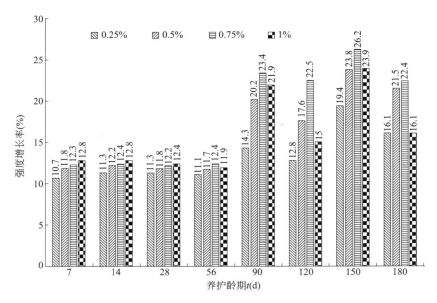

图 4-17　在养护过程中不同纤维掺量的 FCMS 强度增加比例的变化

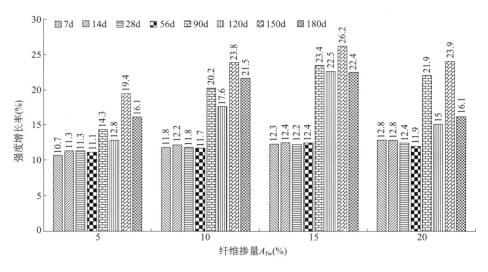

图 4-18　FCMS 在不同养护时间下强度增加比例的变化

从图 4-18 可以看出来，每个纤维掺量的 FCMS 随养护时间的变化规律很相似，均是养护龄期为 150d 时，改善效果最好，由此验证了纤维在高龄期的强度增幅效果最佳。

4.1.4　动力性能

为了进一步研究纤维/水泥稳定废弃泥浆作为路基填料的力学性能，通过动三轴试验对其弹性模量进行研究。

(1) 动三轴试验

试验采用的仪器为英国 GDS 公司生产的动三轴仪,该仪器由三轴压力室、围压控制器、反压控制器、数据采集器、动力驱动器和控制系统六部分组成,如图 4-19 所示。

(a) 三轴压力室与动力驱动器

(b) 围压反压控制器

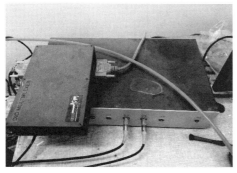
(c) 数据采集系统

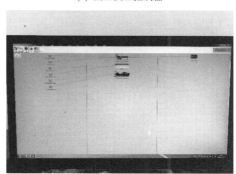
(d) 软件控制系统

图 4-19　GDS 动三轴仪

试验采取位移控制法,位移经过调试,选取 0.05mm,频率为 1Hz,加载方式如图 4-20 所示。

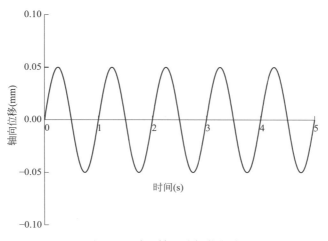

图 4-20　动三轴试验加载方式

试验过程中的典型滞回曲线如图 4-21 所示，结合式(4-4)可得到纤维/水泥稳定废弃泥浆的弹性模量。

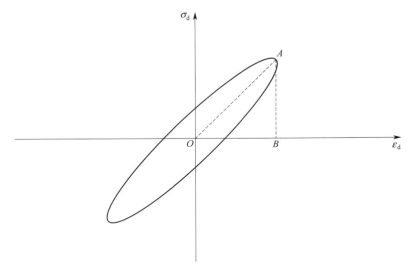

图 4-21　动三轴试验的典型滞回曲线

$$E=\frac{\sigma_\mathrm{d}}{\varepsilon_\mathrm{d}} \tag{4-4}$$

式中：E 为弹性模量，MPa；σ_d 为动应力，kPa；ε_d 为动应变，%。

(2) CMS 弹性模量分析

根据弹性模量计算公式和 CMS 各掺量、养护龄期的试验数据进行计算，求得相应的弹性模量见表 4-6。

CMS 弹性模量 (MPa)　　　　表 4-6

水泥掺量 龄期	5%	10%	15%	20%	25%
7d	1.5	5	98	17	29
14d	24	28	29	41	45
28d	16	19	37	43	52
56d	18	29	49	64	106
90d	32	46	53	87	118
120d	29	25	51	81	75
150d	26	37	61	84	86
180d	30	33	59	74	71

由表 4-6 可知，不同水泥掺量下的应力-应变曲线在硬化阶段时，强度值随应变均急剧增大，且水泥掺量从 5% 增加到 25% 时，弹性模量有明显增加。对应于无侧限抗压应力应变曲线越早出现"驼峰"（峰值应变左移动）。这是由于加入过多水泥虽然使泥浆的抗压强度增大，但同时也会增大其脆性，导致峰值应变变小。在强度软化阶段，曲线在"驼峰"后软化现象显著，且水泥掺量越大，强度下降越多，软化速率越快。

养护龄期从 7d 增加到 180d 时，CMS 的弹性模量明显增加，且随着养护时间的增加，CMS 中的水化反应持续进行，产生更多的胶凝物质，导致 CMS 脆性增加，结构更加致密。因此，CMS 对应的无侧限抗压应力-应变曲线越早出现"驼峰"（峰值应变左移动）。

（3）纤维水泥稳定泥浆弹性模量分析

根据弹性模量计算公式和 FCMS 各掺量、养护龄期的试验数据进行计算，求得相应的弹性模量见表 4-7。

FCMS 弹性模量（MPa）　　　　　　　　　　　　　表 4-7

纤维掺量 龄期	0.25%	0.5%	0.75%	1%
7d	14	11	9.9	7.6
14d	38	31	25	19
28d	39	33	27	21
56d	55	43	31	25
90d	77	65	53	41
120d	71	62	48	34
150d	83	68	52	37
180d	70	64	49	31

由表 4-7 可知，纤维掺量从 0.25% 增加到 1% 时，弹性模量有明显的下降趋势，对应于无侧限抗压应力-应变曲线越晚出现"驼峰"（峰值应变右移动）。这是由于加入纤维虽然会使泥浆的抗压强度增大，但同时也会减少其脆性，导致峰值应变变大。在强度软化阶段，曲线在"驼峰"后软化现象不明显，且纤维掺量越大，强度下降越少，软化速率越慢。

养护龄期从 7d 增加到 180d 时，FCMS 的弹性模量明显增加，这是因为随着养护时间的增加，FCMS 中的水化反应持续进行，产生更多的胶凝物质，导致 FCMS 的脆性增加，其结构更加致密。因此，FCMS 对应的无侧限抗压应力-应变曲线越早出现"驼峰"（峰值应变左移动）。

4.2 纤维/水泥复合稳定废弃泥浆长期性能

4.2.1 时间效应

（1）无侧限抗压强度分析

无侧限抗压强度试验得到的应力-应变曲线中最重要的特征参数为抗压强度，所以需要对 CMS/FCMS 的抗压强度进行全方位深入的分析。

1）水泥掺量与无侧限抗压强度的关系

根据以上 CMS 试验数据处理分析，得到水泥掺量与抗压强度的关系如图 4-22 所示。

由图 4-22 可知，CMS 每个养护龄期下的抗压强度都随着水泥掺量的增加而增加，其强度与水泥掺量呈指数线性关系。这是因为随着水泥掺入量的增加，水泥和泥浆中的水发生水化反应，其反应产生的胶凝物质也随之增加，从而提高了其抗压强度。

2）水泥稳定泥浆龄期与抗压强度的关系

根据以上 CMS 试验数据处理分析，得到不同水泥掺量下养护龄期与抗压强度的关系

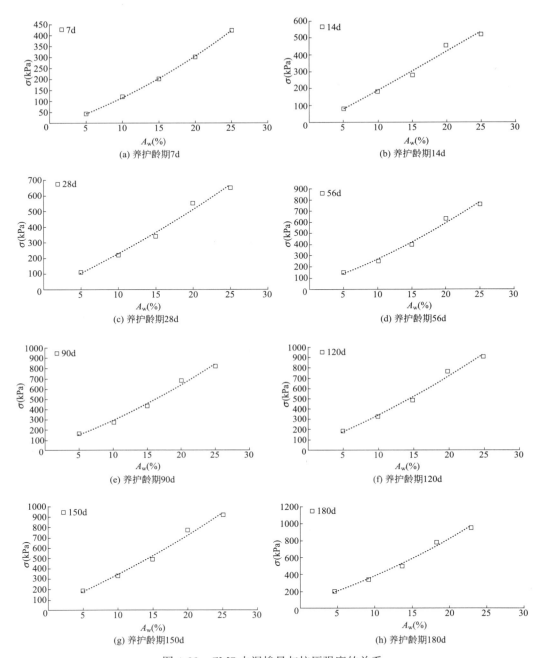

图 4-22　CMS 水泥掺量与抗压强度的关系

如图 4-23 所示。

由图 4-23 可知，CMS 的无侧限抗压强度与龄期的对数呈线性增加关系，CMS 的抗压强度随着养护龄期的增加而增加。龄期在 7～90d 区间时，CMS 的抗压强度递增较明显，当龄期在 90～180d 区间时，CMS 抗压强度递增开始缓慢，趋于一个固定值。这是由于水泥的水化作用，产生的胶凝物质聚集增加 CMS 强度。在养护早期，水泥的水化反应很迅速，产生一定量的胶

第 4 章 纤维/水泥复合稳定废弃泥浆工程性能

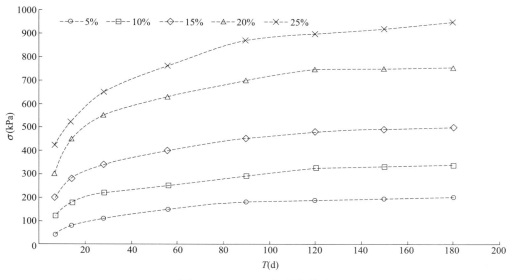

图 4-23 CMS 强度-龄期曲线

凝物质覆盖在剩余未反应水泥的表层，导致反应速率下降。随着养护时间的增加，里层的水泥也开始逐渐发生反应，所以最终体现在其强度随着时间的推移有规律的递增。这个过程中水泥水化反应不断进行，CMS 的强度随着养护时间不断增长。CMS 中，水泥的水解和水化反应是在具有一定活性的土颗粒围绕下进行的，其硬化速度较慢，作用较复杂，从而导致 CMS 强度增长过程时间较长。此外，水泥硬凝反应、水泥与泥浆之间的离子交换和团粒化作用也是一个长期过程，因此致使 CMS 强度增长过程比较缓慢。

3) 纤维水泥稳定泥浆纤维掺量与抗压强度的关系

根据以上 FCMS 试验数据处理分析，得到不同养护龄期下纤维掺量与抗压强度的关系如图 4-24 所示。

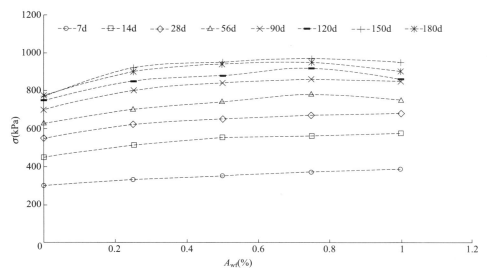

图 4-24 强度-纤维掺量曲线

由图 4-23 可知，FCMS 的无侧限抗压强度与纤维掺量呈指数增加关系，当龄期在 7～56d 之间时，FCMS 的抗压强度随着纤维掺量的增加而增加。当龄期在 56～180d 之间时，FCMS 的抗压强度随着纤维掺量的增加先递增后降低。纤维的加筋效果主要取决于纤维与 CMS 之间的粘结力，当纤维掺量较小时，FCMS 中各个空间位置的纤维量较小，从而和内部颗粒产生的粘结力和摩擦力也相对较小。增加纤维掺量可以提高 FCMS 中纤维在内部空间各个位置分布的量，从而提高了试样中纤维和土颗粒之间中总的粘结力和摩擦力。但是当纤维的掺量超过最优掺量时，再继续增加纤维的掺量，此时试样的强度反而会降低。因为由于过多地提高纤维掺量会缩短纤维和纤维之间的距离，纤维过于密集会降低纤维和土颗粒之间的粘结力、摩擦力，因此存在最优纤维掺量。由图 4-23 可知最优纤维掺量为 0.75%。

4）纤维水泥稳定泥浆龄期与抗压强度的关系

根据以上 FCMS 试验数据处理分析，得到养护龄期与抗压强度的关系如图 4-25 所示。

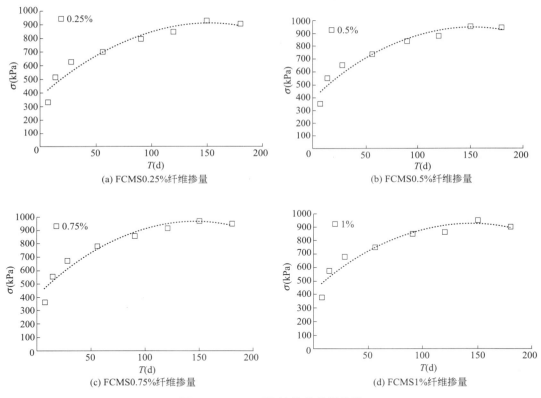

图 4-25　FCMS 强度-养护龄期曲线

由图 4-25 可知，FCMS 的每个纤维掺量的抗压强度都随着养护龄期的增加先增加后略微减少。这是因为随着养护龄期的增加，水泥的水化反应慢慢停止，不再产生胶凝物质，稳定泥浆内部结构逐渐稳定，从而纤维与 CMS 的摩擦力减小。

（2）应力-应变曲线的数学特征

无侧限抗压强度试验的应力-应变曲线属于软化型曲线，其标准曲线如图 4-26 所示。

第4章 纤维/水泥复合稳定废弃泥浆工程性能

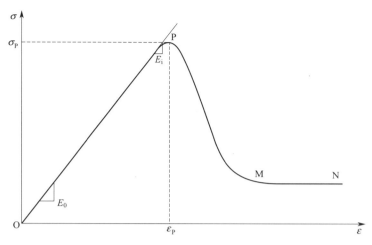

图 4-26 轴向应力-应变曲线

图 4-26 中可以看出应力-应变曲线是一个单独"驼峰"的特征,"驼峰"最高点为强度峰值 σ_P,峰值对应的横坐标为峰值应变 ε_P。应力-应变曲线主要分为三个阶段:(1)强度硬化阶段(OP 段),强度随着应变增大而增大,强度增加止于"驼峰"顶点处,此时发生脆性破坏,该段为非线性曲线;(2)强度软化阶段(PM 段),强度在到驼峰顶点后开始下降,该段为非线性曲线;(3)残余强度阶段(MN 段),当应变不断增加,强度趋于一个常数,因为试样破坏界面存在残余强度。综上,应力-应变曲线的数学特征有三点,分别是曲线过原点、有极值点、收敛于一个常数值。

为了在工程实践中,对使用的稳定泥浆力学行为进行准确预测,需要相匹配的预测方法进行预测评价。对实测数据的应力-应变曲线进行分析,建立 MTH 数学模型,并对该模型的拟合效果进行分析,用计算出的平均相对误差对该数学模型准确性进行评价,为纤维/水泥复合稳定泥浆的工程应用提供参考。

应力-应变曲线的 MTH 模型为:

$$\sigma = a\varepsilon e^{b\varepsilon} \tag{4-5}$$

式(4-5)中:ε 为应变(%),σ 为强度(kPa),a 和 b 为待定参数,各参数取值范围为适应"驼峰"型曲线,范围未确定。当 $\varepsilon=0$ 时,σ 的值也为 0,满足曲线过原点的特征。

极值点与单调性分析:对高阶复合指数函数模型(MTH 模型)求一阶导数如式(4-6)所示。

$$\sigma' = ae^{b\varepsilon} + ab\varepsilon e^{b\varepsilon} \tag{4-6}$$

令 $\sigma'=0$ 可求解得:$\varepsilon=-\dfrac{1}{b}$,$\varepsilon=-\dfrac{1}{b}$ 由于 ε 为应变(%),$\varepsilon \geqslant 0$,$b<0$,存在 $\varepsilon=-\dfrac{1}{b}>0$,此时曲线 σ 取得极值点,$\varepsilon<-\dfrac{1}{b}$ 时,$\sigma'>0$,曲线 σ 单调递增,符合应力-应变曲线的硬化阶段的数学特征,当 $\varepsilon>-\dfrac{1}{b}$ 时 $\sigma'<0$,曲线 σ 单调递减,符合应力-应变曲线的软化阶段的数学特征,满足应力-应变曲线的单调性和一个极值点条件。

拐点分析：对 MTH 模型求二阶导数如式（4-7）所示。
$$\sigma''=2ab\mathrm{e}^{b\epsilon}+ab^2\epsilon\mathrm{e}^{b\epsilon} \tag{4-7}$$

令 $\sigma''=0$，$\epsilon=-\dfrac{2}{b}$，即曲线在 $\epsilon>0$，$\sigma>0$ 区间内有一个拐点，符合应力-应变曲线的强度软化阶段和残余强度阶段的数学特征，满足纤维/水泥复合稳定泥浆应力应变曲线的拐点条件。

选取 CMS 和 FCMS 的无侧限抗压强度试验数据，用 MTH 模型进行模拟分析，结果分别如图 4-27 和图 4-28 所示。

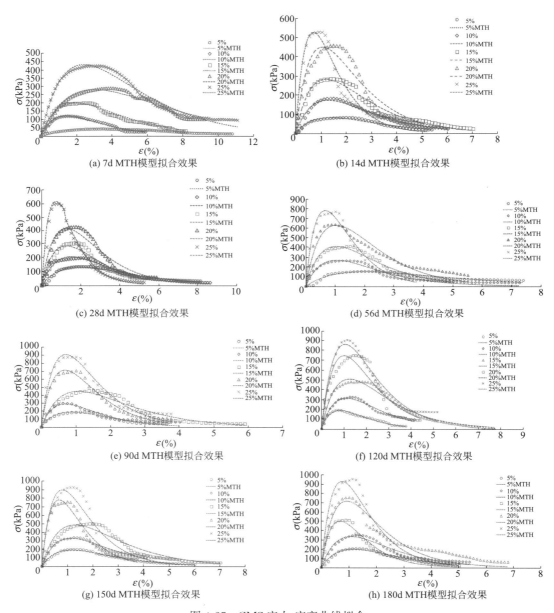

图 4-27　CMS 应力-应变曲线拟合

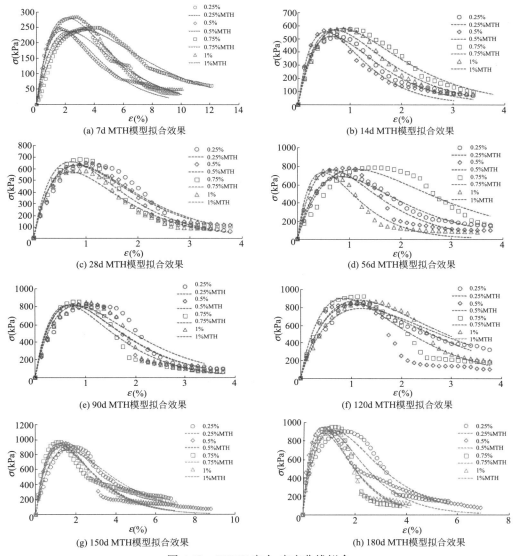

图 4-28 FCMS 应力-应变曲线拟合

由图 4-27 和图 4-28 可看出，MTH 模型出现极值点，与实测曲线吻合度非常高。因此，MTH 模型能够适应不同的水泥/纤维掺量、不同养护龄期下的实测曲线，拟合精度均较高。先上凸上升，后下降下凸，再下降下凹趋于一个正值常数，与实测的应力应变曲线一致。同时 MTH 模型峰值强度和残余强度值与实测值近乎一致，所以在实际工程应用上有较高预测强度方面的价值。

(3) CMS 无侧限抗压强度时间效应模型

总体来看在不同养护龄期时，每个水泥掺量的 CMS 的无侧限抗压强度变化规律相似，根据此规律进行拟合，拟合方程见式(4-8)。

$$\sigma = A\ln t + B \tag{4-8}$$

式中：σ 为无侧限抗压强度，t 为养护龄期，A、B 为参数。

式(4-8)拟合图像如图 4-29 所示。

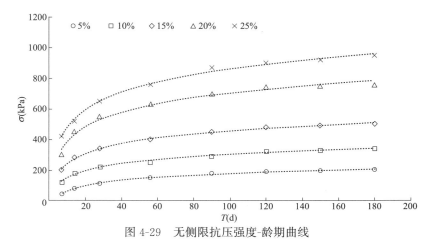

图 4-29 无侧限抗压强度-龄期曲线

由图 4-29 可知用龄期表示各水泥掺量下的曲线有很好的规律性，式(4-8) 拟合效果很好。不同水泥掺量下的无侧限抗压强度公式为：

$$\sigma = \begin{cases} 50.0081\ln t - 52.992 & A_w = 5\% \quad R^2 = 0.994 \\ 66.735\ln t - 5.3395 & A_w = 10\% \quad R^2 = 0.990 \\ 92.745\ln t + 28.09 & A_w = 15\% \quad R^2 = 0.996 \\ 138.97\ln t + 63.96 & A_w = 20\% \quad R^2 = 0.982 \\ 167.45\ln t + 91.182 & A_w = 25\% \quad R^2 = 0.996 \end{cases} \quad (4\text{-}9)$$

为了考虑水泥掺量对 CMS 无侧限抗压强度的影响，已知 A、B 与水泥掺量相关，对 A、B 与水泥掺量的关系进行分析。对这个关系进行拟合得到 A、B 的公式为：

$$A = 0.1249X^2 + 2.3949X + 32.90 \quad R^2 = 0.989$$
$$B = -0.1098X^2 + 10.446X - 101.523 \quad R^2 = 0.989$$
(4-10)

式(4-10) 拟合曲线如图 4-30 所示。

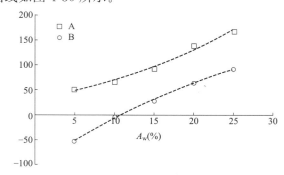

图 4-30 A、B-水泥掺量拟合曲线

把 A、B 的公式代入，可得到 CMS 无侧限抗压强度公式：

$$\sigma = (0.1249A_w^2 + 2.3949A_w + 32.906)\ln t \\ + (-0.1098A_w^2 + 10.446A_w - 101.52)$$
(4-11)

其中，A_w 为水泥掺量。

将不同水泥掺量、不同养护龄期下的实测无侧限抗压强度值与通过公式计算得出的无侧限抗压强度预测值进行对比，实测值和预测值之间的相关关系如图 4-31 所示。由图 4-31 可知，无侧限抗压强度预测值和无侧限抗压强度实测值的相关系数为 0.991，从而证明了这个公式有较高的预测准确性。

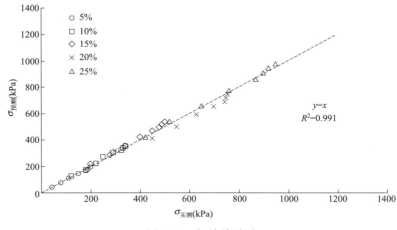

图 4-31 相关关系图

因此可以认为，式（4-11）能够用于预测水泥稳定高含水率泥浆的无侧限抗压强度，具有一定的工程应用价值。

（4）FCMS 无侧限抗压强度时间效应模型

总体来看，在不同纤维掺量下，每个养护龄期的 FCMS 的无侧限抗压强度变化规律相似，根据此规律进行拟合，拟合方程见式（4-12）。

$$\sigma = aA_{fw}^2 + bA_{fw} + c \tag{4-12}$$

式中：σ 为无侧限抗压强度，A_{fw} 为纤维掺量，a、b、c 为参数。

式（4-12）拟合图像如图 4-32 所示。

由图 4-32 可知用纤维掺量表示各养护龄期下强度的曲线具有较高的相关系数，式（4-13）拟合很好。各龄期的抗压强度公式为：

$$\sigma = \begin{cases} -34.286 A_{fw}^2 + 118.29 A_{fw} + 300.71 & T=7d, \quad R^2=0.999 \\ -137.14 A_{fw}^2 + 257.14 A_{fw} + 451.86 & T=14d, \quad R^2=0.991 \\ -148.57 A_{fw}^2 + 272.57 A_{fw} + 553.43 & T=28d, \quad R^2=0.991 \\ -228.57 A_{fw}^2 + 356.57 A_{fw} + 627.43 & T=56d, \quad R^2=0.977 \\ -274.29 A_{fw}^2 + 418.29 A_{fw} + 703.71 & T=90d, \quad R^2=0.993 \\ -354.29 A_{fw}^2 + 470.29 A_{fw} + 749.71 & T=120d, \quad R^2=0.962 \\ -400 A_{fw}^2 + 564 A_{fw} + 780 & T=150d, \quad R^2=0.965 \\ -434.29 A_{fw}^2 + 554.29 A_{fw} + 778.71 & T=180d, \quad R^2=0.992 \end{cases} \tag{4-13}$$

为了考虑纤维掺量对 CMS 无侧限抗压强度的影响，已知 a、b、c 与纤维掺量相关，

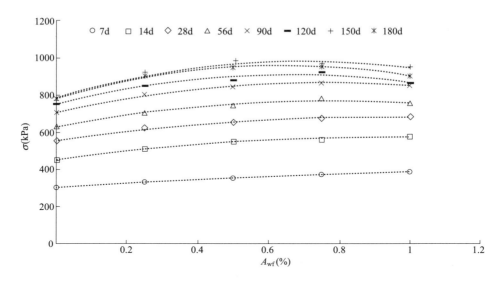

图 4-32 无侧限抗压强度-纤维掺量曲线

对 a、b、c 与水泥掺量的关系进行分析。对其进行函数拟合得到 a、b、c 的函数为：

$$a = 0.0065T^2 - 3.2676T - 54.059 \quad R^2 = 0.9713$$
$$b = -0.0099T^2 + 4.0686T + 149.79 \quad R^2 = 0.989$$
$$c = -0.0212T^2 + 6.01792T + 335.68 \quad R^2 = 0.9421 \tag{4-14}$$

式(4-14)拟合曲线如图 4-33 所示。

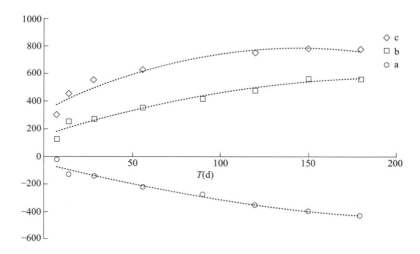

图 4-33 a、b、c-水泥掺量拟合曲线

把 a、b、c 的公式代入，可得到 FCMS 无侧限抗压强度公式：

$$\begin{aligned}\sigma = & (0.0065T^2 - 3.2676T - 54.059)A_{fw}^2 \\ & + (-0.0099T^2 + 4.0686T + 149.79)A_{fw} \\ & + (-0.0212T^2 + 6.1792T + 335.68)\end{aligned} \tag{4-15}$$

将不同纤维掺量、不同养护龄期下的实测无侧限抗压强度值与通过公式计算得出的无侧限抗压强度预测值进行对比，实测值和预测值之间的相关关系如图 4-34 所示。由图 4-34 可知，无侧限抗压强度预测值和无侧限抗压强度实测值的相关系数为 0.989，从而证明了这个公式有较高的预测准确性。

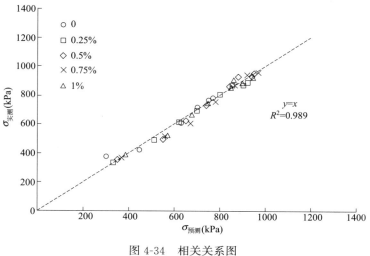

图 4-34　相关关系图

因此可以认为，式（4-15）能够用于预测纤维/水泥复合稳定高含水率泥浆的无侧限抗压强度，具有一定的工程应用价值。

4.2.2　冻融循环性能

纤维/水泥复合稳定技术适用于高含水量的废弃泥浆处理，将 CMS 和 FCMS 作为路基材料时，需要考虑环境温度的变化，尤其是冻融循环作用对其性能的影响。

（1）冻融环境对无侧限抗压强度的影响

通过不同冻融循环次数后的无侧限抗压强度试验，得到同纤维掺量的 FCMS 在不同冻融循环次数下的应力-应变曲线，如图 4-35 所示。

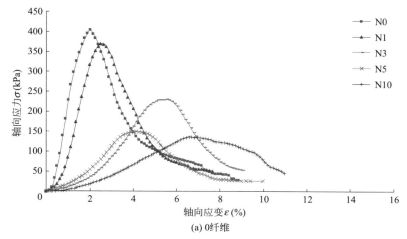

(a) 0纤维

图 4-35　不同冻融循环次数的应力-应变曲线（一）

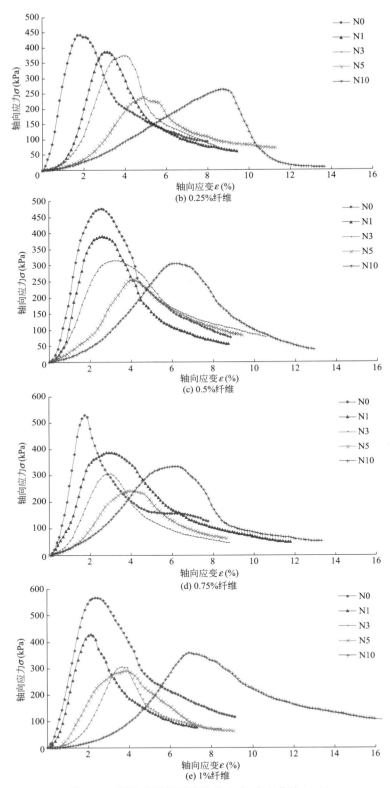

图 4-35　不同冻融循环次数的应力-应变曲线（二）

由图 4-35 可以看出，应力-应变曲线均出现明显的峰值，曲线呈应变软化型，试样呈脆性破坏。不同冻融循环次数下，纤维/水泥稳定泥浆的应力-应变曲线变化趋势大致相同。在相同的冻融循环次数下，不同纤维掺量的稳定泥浆的应力出现明显峰值，达到峰值后应力降低。0 纤维含量的稳定泥浆在 5 次之前应力峰值明显，在第 10 次后峰值应力不显著。

图 4-36 为冻融循环 10 次后的纤维/水泥稳定泥浆试样，可以看出冻融 10 次后，试样出现明显横向裂缝，横向裂缝对压应变发展影响较大，对压应力影响较小。试样两端横向裂缝多且缝隙较大，试样中间横向裂缝分散且缝隙较小。横向裂缝导致试样进行无侧限抗压强度试验时，存在缝隙闭合过程，导致压应变整体增大。所有纤维含量的稳定泥浆随着冻融循环次数的提升，均呈现出峰值应变的改变，

图 4-36　冻融 10 次后纤维/水泥稳定泥浆试样

且均在第 10 次冻融循环时，其应变峰值明显增大。应力-应变曲线的切线斜率逐渐减小，曲线逐渐趋平缓，土的脆性逐渐减弱，其弹性模量也随之减小。弹性模量变化见表 4-8。

弹性模量参数（MPa）　　　　　　　　　　　　　　表 4-8

纤维掺量 冻融次数	0	0.25%	0.5%	0.75%	1%
0	31	31	311	44	48
1	20	20	30	30	33
3	5	12	13	12	25
5	4	6	6	8	15
10	2	3	5	8	6

从表 4-8 中可以看出未冻融时纤维的加入提升了稳定泥浆的弹性模量，在前期冻融循环过程中，加入纤维的稳定泥浆弹性模量相较于未加纤维的均具有显著区别。随着冻融循环次数的增加，同纤维掺量的稳定泥浆弹性模量持续减弱，但是相较于未加纤维稳定泥浆的弹性模量，其提升效果显著增强。研究表明，冻融循环作用只改变固化土的峰值应力，不改变其应力-应变的曲线形式。高含水率的纤维/水泥复合稳定泥浆经受冻融循环作用时，不同纤维掺量的无侧限抗压强度 σ_p 如图 4-37 所示。

由图 4-37 可以看出，各纤维掺量的 FCMS 随着冻融次数的提升，其强度整体呈现先减少后增加的趋势。冻融次数由 1 变为 5 时，σ_p 变化最大，纤维掺量分别为 0 与 1% 的稳定泥浆 σ_p 降低得最快。图 4-38 可以更加直观地看出各纤维掺量的纤维/水泥稳定泥浆在冻融循环作用下的强度变化。

由图 4-38 可知，纤维含量为 0，冻融次数由 3 增加到 5 时，其强度损失达到 34%。纤维含量为 1%，冻融次数由 1 增加到 3 时其强度损失为 28%。在冻融循环前期，纤维掺量的增加对于稳定泥浆的抗冻性能影响并不明显，这是因为随着纤维增量的加大，试样内部纤维结团的可能性增加。在冻融循环前期，试样内部损伤变化较为明显，添加纤维的试样结构相较于未增加纤维的试样在纤维与水泥接触处，因冻融循环导致试样出现内部损伤

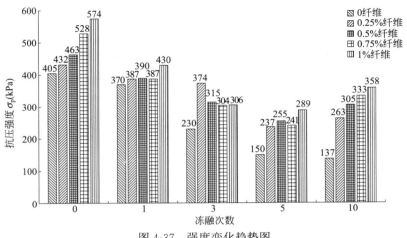

图 4-37 强度变化趋势图

的范围增大造成无侧限抗压强度持续损失。

而在冻融次数由 5 增加到 10 时，除 0 纤维掺量的稳定泥浆持续下降外，其余掺量的 σ_p 整体呈现小幅度上升，且随着纤维掺量的增加，强度增加量也呈现增大的趋势。在冻融循环 10 次时，稳定泥浆的龄期对应增加了 20d，龄期增长导致水泥的水化反应更加完全，且纤维与水泥结构经过多次循环调整也更加稳固，二者作用抵消了冻融循环导致的试样内部损伤造成的强度下降。其中纤维掺量为 0.75% 时冻融循环后期强度改善效果最佳，其强度 σ_p 增加了 38%，纤维掺量为 0.25% 时其强度改善效果最低，但强度 σ_p 仍达到了 11% 的增加量。总体而言，纤维的加入对于纤维/水泥稳定泥浆抗冻性能的改善具有明显增强效果。

（2）细观随机损伤模型

纤维/水泥稳定泥浆的无侧限受压破坏是典型的剪切破坏，根据随机损伤力学的单轴受压随机损伤本构关系，其受压损伤变量的定义式为：

$$D^- = \frac{(1-\beta)D_s}{1-\beta D_s} \tag{4-16}$$

$$\beta = 1 - \frac{1+v_0}{2}\sin^2 2\alpha \tag{4-17}$$

式中：D_s 为剪切损伤变量；v_0 为泊松比；α 为剪切破坏角。

因随机损伤力学中，受压损伤实质上是剪切损伤，所以受压损伤变量 D^- 求解的重点仍是剪切损伤变量 D_s。

微弹簧系统模拟细观晶体结构沿其轴向的随机断裂模型（图 4-39）揭示了材料在受剪与受压过程中的微观断裂是不可控的本质，同时也反映了模型中每个微弹簧的断裂都是随机发生的。材料在受剪过程中，在未达到最大剪应力前，其微弹簧未发生断裂，因此其相应的应力与应变具有线性关系，而在达到最大剪应力之后，微弹簧开始产生随机断裂，此时反映到宏观方面即应力与应变开始表现为非线性，且随着微弹簧断裂的越多，其非线性特性越明显。因此，随机损伤力学中，将受剪损伤变量 D_s 定义为：

$$D_s = \frac{A_s}{A} \tag{4-18}$$

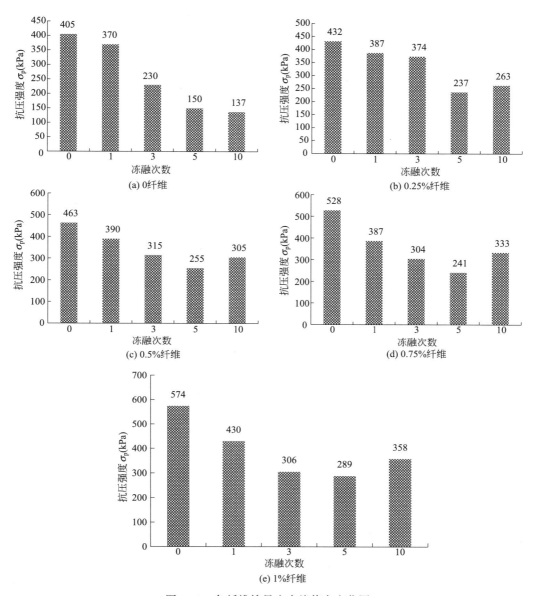

图4-38 各纤维掺量应力峰值点变化图

式中：A_s 为微弹簧断裂导致材料退出工作面的面积，A 为材料在受剪方向上横截面面积。此时引入 Hesviside 函数，则

$$D_s = \int_0^1 H[\gamma - \Delta x]dx \quad (4\text{-}19)$$

式中：γ 为剪应变，Δx 为微弹簧的极限断裂应变。

此时，利用微积分对 D_s 进行简单的数值特征求解推导得 D_s 的均值函数为：

$$\mu_{D_s} = F_s(\gamma) = \int_0^\lambda f(\Delta)d\Delta \quad (4\text{-}20)$$

其中 $\gamma = \dfrac{\tau}{G_0}$，$\tau = \dfrac{1}{2}\sigma_a \sin 2\alpha$，$G_0 = \dfrac{E_0}{2(1+\mu)}$。

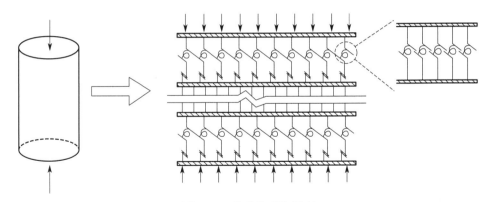

图 4-39 微弹簧系统模型

式中：τ 为剪应力，γ 为剪应变，G_0 为初始剪切模量，E_0 为初始弹性模量，μ 为泊松比，σ_a 为均值压应力。

由式(4-20) 推导可得：

$$\gamma = \varepsilon_a (1+\mu) \sin 2\alpha \tag{4-21}$$

式中：ε_a 为均值压应变。

将式 (4-19) 代入式 (4-18) 可得：

$$\mu_{D_s} = F_s [\varepsilon_a (1+\mu) \sin 2\alpha] \tag{4-22}$$

将式 (4-19) 代入式 (4-17) 可得：

$$D_s = \int_0^1 H[\gamma - \Delta x] dx = \int_0^1 H[\varepsilon_a (1+\mu) \sin 2\alpha - \Delta x] dx \tag{4-23}$$

微弹簧的极限断裂应变 Δx 服从对数正态分布，则 D_s 与 D^- 的均值可以分别表示为：

$$\mu_{D_s} = F_s(\gamma) = \phi \left(\frac{\ln\gamma - \lambda}{\zeta} \right) \tag{4-24}$$

$$\mu_{D^-} = \frac{(1-\beta_1)\mu_{D_s}}{1-\beta_1 \mu_{D_s}} + \frac{1}{2} \frac{d^2 D^-}{dD_s^2} V_{D_s^2}^2 \approx \frac{(1-\beta_1)\mu_{D_s}}{1-\beta_1 \mu_{D_s}} \tag{4-25}$$

式(4-24) 中：λ 为对数正态分布函数的数学期望，ζ 为对数正态分布函数的标准差。

由式(4-18) 可推导出 D_s 的方差函数为：

$$V_{D_s}^2 = E(D_s)(\lambda)^2 - [\mu D^+(\lambda)]^2 \tag{4-26}$$

将式(4-17) 代入式(4-24)，并根据期望与积分算子的可交换性质推导得：

$$V_{D^+}^2 = \int_0^1 \int_0^1 F(\gamma, \gamma; |x_1 - x_2|) dx_1 dx_2 - F^2(\gamma)$$
$$= 2\int_0^1 (1-\eta) F(\gamma, \gamma; \eta) - F^2(\gamma) \tag{4-27}$$

式中：η 为 x_1 与 x_2 之间的相对距离。

则损伤变量 D^- 的方差 $V_{D_s^-}^2$ 可以表示为：

$$V_{D^-}^2 = \left[\frac{dD^-}{dD_s} \right]^2 V_{D_s}^2 = \frac{(1-\beta_1)}{(1-\beta_1 D_s)^2} \left[2\int_0^1 (1-\eta) F_s(\gamma, \gamma; \eta) d\eta - (\mu_{D_s})^2 \right] \tag{4-28}$$

式(4-28) 中所含的二维分布函数 $F_s(\gamma, \gamma; \eta)$ 本质上仍是 Δx 的分布函数，假定 Δx

的分布函数的自相关系数为

$$P_z(\eta) = e^{(-\omega\eta)} \quad (4\text{-}29)$$

式中：ω 为相关尺度参数。

则二维分布函数 $F_s(r,r;\eta)$ 的表达式为：

$$\begin{aligned}F(\lambda,\lambda;\eta) &= \phi\left(\frac{\ln\gamma-\lambda}{\zeta},\frac{\ln\gamma-\lambda}{\zeta}|\rho_z\right) \\ &= \phi\left(\frac{\ln\gamma-\lambda}{\zeta}\right)-\frac{1}{\pi}\int_0^\partial \frac{1}{1+t^2}\exp\left[-\frac{1}{2}\frac{\ln\gamma-\lambda}{\zeta}(1+t^2)\right]dt\end{aligned} \quad (4\text{-}30)$$

其中 $\partial=\sqrt{(1-\rho_z)/(1+\rho_z)}$。

根据微弹簧在单向受压时的静力平衡状态可以得到：

$$\sigma = (1-D^-)E_0\varepsilon \quad (4\text{-}31)$$

进一步可得：

$$\mu_{\sigma_a} = (1-\mu_{D^-})E_0\varepsilon_a \quad (4\text{-}32)$$

$$V_{\sigma_a} = \sqrt{V_{D^-}}E_0\varepsilon_a \quad (4\text{-}33)$$

将式（4-25）和式（4-28）带入式（4-32）和式（4-33）中即可得到应力均值和标准差与应变的关系，即可求出 λ 与 ζ。求出 λ 与 ζ 后带入 V_{σ_a} 中，并求得 $Z = \dfrac{\sum_{i=1}^{N}(V_{\sigma_{ai}}-\sigma_a)}{N}$ 的最小值，即可得出 ω。

（3）冻融条件下损伤模型

国内外学者对于混凝土的冻融循环做了大量的基本力学试验，得到在冻融循环作用时，材料的力学性能会根据冻融循环次数不断变化，其中材料的弹性模量与冻融循环次数一般具有以下关系：

$$E = aN^2 + bN + c \quad (4\text{-}34)$$

$$E = aN^b \quad (4\text{-}35)$$

式中：N 为冻融循环次数，a、b、c 为冻融损伤因子。

研究表明式（4-35）的拟合情况较好，且式（4-34）不适用于具有 $N=1$ 这一边界条件的损伤模型。因此，将使用式（4-35）构建冻融损伤模型，可求得冻融循环次数对于纤维/水泥稳定泥浆的损伤影响。

（4）基于粒子群算法的数值拟合

粒子群算法是由 Kennedy 和 Eberhart 在 1995 年提出，是一种基于对鸟群觅食行为进行模拟的一种生物智能和演化算法理论。它具有收敛速度快、设置参数少、简单易行等优点。粒子群算法可以简单地理解为鸟群觅食过程中通过信息共享更新自身与种群速度以及位置，最终找到最优解的过程。它的基础是将鸟群中每只鸟作为一个无质量的粒子，置于一个 N 维的求解空间内，种群数量设置为 M，给每个粒子赋予最初的位置 x_i，x_i 用向量表示为 $x_i = (x_{i1}, x_{i2}, \cdots, x_{in})$，$x_i$ 会被带入适应函数 $f(x_i)$ 中求适应值，其中 $i=1,2,\cdots,N$。同样每个粒子会被定义最初的速度 v_i，v_i 用向量表示为 $v_i = (v_{i1}, v_{i2}, \cdots, v_{in})$。在求解过程中为防止粒子速度与位置超出范围，造成结果迭代次数过多增加计算时间或者造成解的不收敛，一般会在初始时定义位置与速度的最大值为$[x_{\min,n}, x_{\max,n}]$与$[v_{\min,n}, v_{\max,n}]$。若在迭代过程中x_i与v_i超过了限定的最大值，则$x_i = x_{\max,n}$，$v_i = v_{\max,n}$。

PSO算法会根据最初的一群赋予值进行计算迭代，通过迭代寻找最优解，每次迭代过程中，算法会追踪两个极值：一个是pbest，即个体经历过的最好的位置，一个是gbest，即群体经历过的最好的位置，粒子会通过以下核心标准形式方程来更新自身的位置与速度：

$$V_i^k = V_i^{k-1} + c_1 \times \text{rand}() \times (\text{pbest}_i^{k-1} - x_1^{k-1}) + c_2 \times \text{rand}() \times (\text{gbest}_i^{k-1} - x_i^{k-1}) \tag{4-36}$$

$$x_i^k = x_i^{k-1} + v_i^k \tag{4-37}$$

式中：k为第k次迭代，c_1，c_2为学习因子，c_1用来调整粒子沿pbest飞行的距离，c_2用来调整粒子沿gbest飞行的距离；rand( )为取值范围在[0, 1]的随机数，用来增加搜索的随机性。

式(4-36)中V_i^{k-1}代表了粒子飞行中的记忆部分，它是粒子下次迭代过程速度的基础。$c_1 \times \text{rand}() \times (\text{pbest}_i^{k-1} - x_i^{k-1})$这一部分一般被称为自我认知部分，它代表了粒子根据自身飞行经验积累的思考对下次迭代进行的影响，可理解为粒子目前所在位置与自身最优位置的距离。$c_1 \times \text{rand}() \times (\text{gbest}_i^{k-1} - x_i^{k-1})$被称为社会认知部分，它反映了群体之间的信息共享，是个体粒子通过对外界经验考量后的自我调整，可理解为粒子目前所在位置与群体最优位置的距离。由式(4-37)可以看出，粒子群的求解就是由自身为基础，通过个体与群体之间的经验共享来决定下一步，并渐渐逼近最优解的过程。粒子群流程图如图4-40所示。

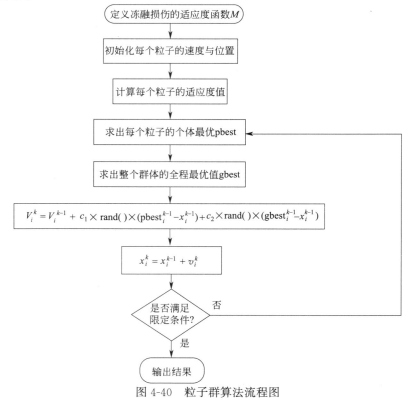

图4-40 粒子群算法流程图

(5) 冻融损伤本构关系的验证

在幂函数 $E=aN^b$ 中将冻融次数引入冻融损伤模型，其拟合情况如图 4-41 所示。

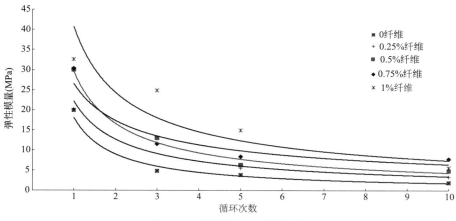

图 4-41 弹性模量 E 值拟合图

将 E_N 与其余数值代入冻融损伤模型中，使用粒子群算法进行拟合计算，可得出参数 λ、ζ 和 ω，其结果见表 4-9。

冻融损伤变量计算结果   表 4-9

纤维含量(%)	冻融次数	λ	ζ	ω
0	0	−3.7368	0.5677	142
	1	−3.3842	0.379	52
	3	−2.453	0.2041	15
	5	−2.3177	0.2440	24
	10	−2.1527	0.1745	7
0.25	0	−3.6785	0.6415	165
	1	−3.7538	0.7821	150
	3	−2.9781	0.3816	68
	5	−2.9699	0.423	10
	10	−2.5115	0.3005	17
0.5	0	−3.5406	0.6004	47
	1	−3.708	0.6688	225
	3	−3.0038	0.5099	70
	5	−2.6869	0.3784	25
	10	−2.3053	0.2159	10
0.75	0	−3.388	0.6519	105
	1	−3.7328	0.7363	150
	3	−3.0829	0.3850	70
	5	−2.7468	0.3005	17
	10	−2.5554	0.3454	35

续表

纤维含量(%)	冻融次数	λ	ζ	ω
1	0	−3.7845	0.7009	95
	1	−3.7003	0.6236	35
	3	−3.6437	0.6606	50
	5	−3.2531	0.5742	70
	10	−2.0872	0.3389	5

为验证所提出的随机损伤本构关系，进行了冻融循环前后的水泥稳定泥浆与纤维/水泥稳定泥浆的单轴受压全过程试验。图 4-42～图 4-46 分别为 20% 水泥掺量下，0、0.25%、0.5%、0.75%、1% 纤维的稳定泥浆在单轴受压应力-应变关系试验结果与理论值的对比。

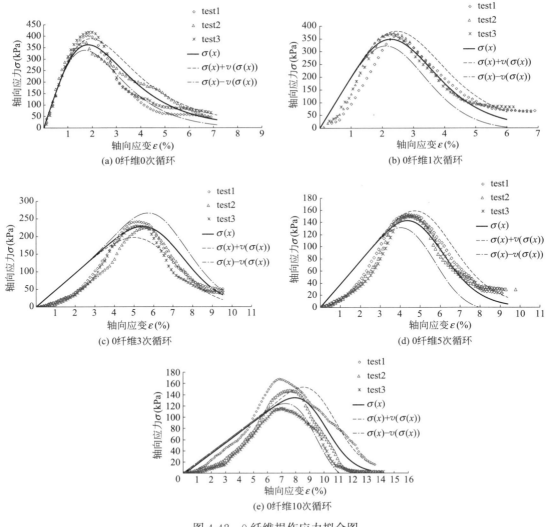

图 4-42　0 纤维损伤应力拟合图

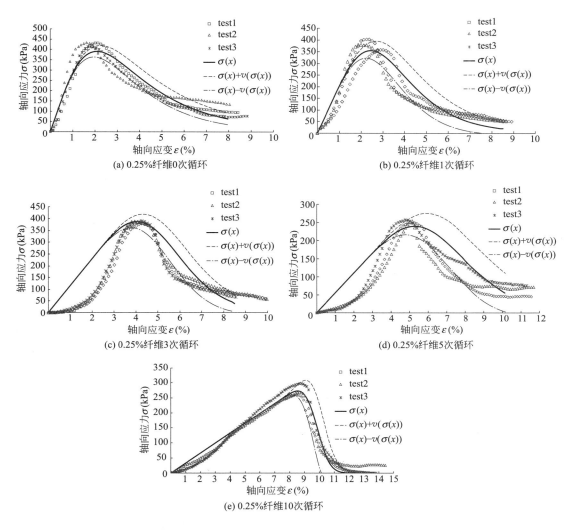

图 4-43 0.25%纤维损伤应力拟合图

由图 4-42～图 4-46 得到了均值意义上的应力-应变关系，并对其离散范围进行了验证，可以看出，纤维/水泥稳定泥浆的主要试验点在应力均值加、减一倍方差范围内，能够较为全面地反映稳定泥浆材料的非线性与随机性。拟合得出的应力均值与应力均值加减一倍方差的三条曲线之所以前期重合，是此时与前述细观微弹簧模型理论中前期损伤发展情况相对应造成的。在细观微弹簧理论中，峰值应变前的试样细观微弹簧模拟中认为此时系统中每个细观弹簧受力均匀、未发生损伤，因此三条曲线较统一。未冻融情况下，很好地预测了 FCMS 受力变形的全过程。冻融循环情况下，临近峰值与应力软化阶段，拟合效果佳，且在峰值后内部损伤随机性导致试样宏观表现为抗压强度的离散性变大，在此时曲线 $\sigma(x) \pm v(\sigma(x))$ 包络面积同样增大，因此也可看出损伤因子的定义较为合理。

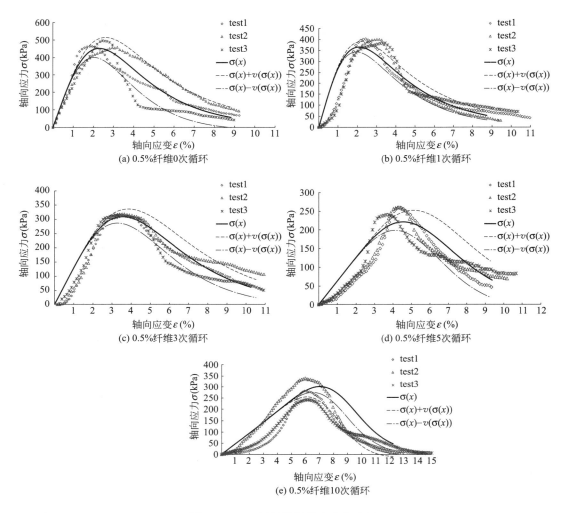

图 4-44　0.5%纤维损伤应力拟合图

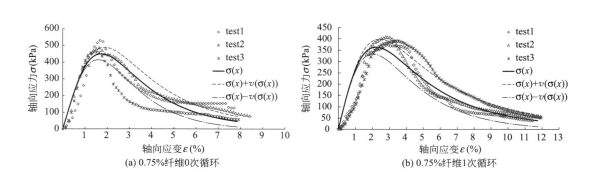

图 4-45　0.75%纤维损伤应力拟合图（一）

第4章 纤维/水泥复合稳定废弃泥浆工程性能

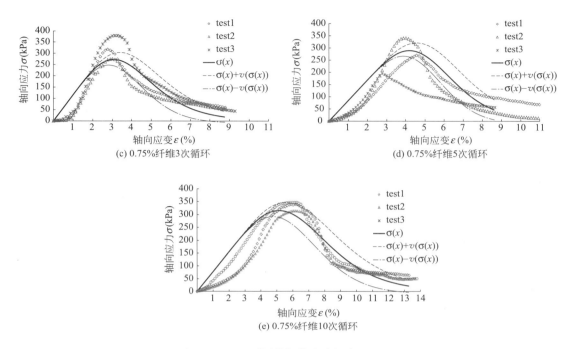

图 4-45　0.75%纤维损伤应力拟合图（二）

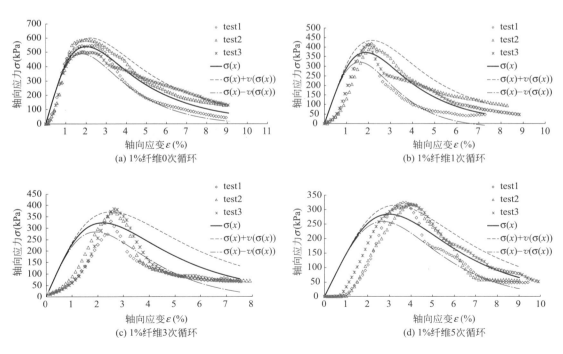

图 4-46　1%纤维损伤应力拟合图（一）

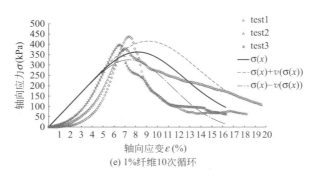

(e) 1%纤维10次循环

图 4-46　1%纤维损伤应力拟合图（二）

4.3　纤维/水泥复合稳定废弃泥浆微观机理

4.3.1　强度形成机理

对已进行力学特性研究的 CMS/FCMS 试样进行 SEM、EDS、XRD 试验，微观与宏观力学行为结合分析，以微观机理揭示宏观力学特性。

（1）微观试验方案

近年来，对于土的微观试验主要分为三部分：一是通过电镜扫描仪（SEM）对土的微观构造进行分析，二是通过能谱分析仪（EDS）对土的元素进行分析，三是通过 X 射线衍射仪（XRD）对土的组成化合物进行分析。对 CMS、FCMS 从微观构造、元素组成以及化合物组成三个角度进行微观分析，从微观角度对其 UCS 试验力学行为作更深一步的探索，研究不同纤维/水泥掺量下、不同养护龄期下稳定泥浆的力学特性变化。

根据微观试验仪器试样制备要求，制备好试验试样。微观试验设计见表 4-10。

微观试样方案　　　　　　表 4-10

试样编号	试样类别	微观试验项目	试验目的
01-06	CMS	SEM、EDS、XRD	分析不同养护龄期和水泥掺量 CMS 的微观结构和化学成分
07-12	FCMS	SEM、EDS、XRD	分析不同养护龄期和纤维掺量 FCMS 的微观结构和化学成分

对稳定泥浆的微观分析可从微观结构、元素组成以及化合物组成等三方面开展。其中 SEM 试验结果图像统一为放大 2000 倍的图像，通过对比分析 SEM 电镜图、EDS 能谱图和 XRD 衍射分析图，分析 CMS、FCMS 的微观构造、元素以及化合物的变化，探讨从微观机理角度来解释其力学行为。

（2）微观机理分析

1）CMS 的微观结构

选取微观试样组中代表不同水泥掺量（5%、20%）的试样进行 SEM、EDS、XRD 微观测试，对应的试样编号 01～06 号，其 SEM 微观图像如图 4-47 所示。

从图 4-47(a) 的 01 号试样 SEM 图像可以看出，5%水泥掺量、养护龄期 7d 试样电镜图像中的颗粒聚集单元都很小且分散，内部结构疏松，胶结程度较低，孔隙较大较多。

第4章 纤维/水泥复合稳定废弃泥浆工程性能

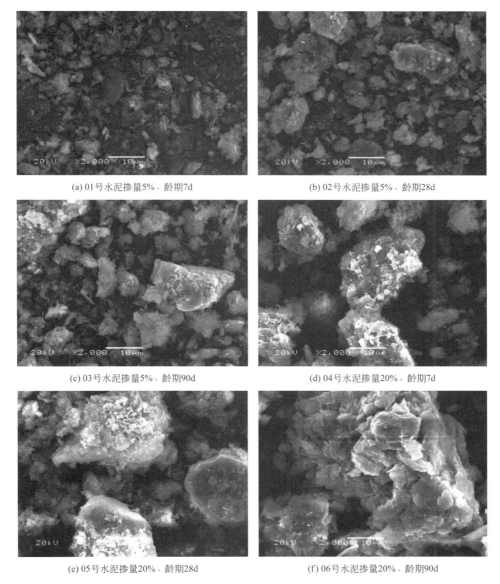

(a) 01号水泥掺量5%、龄期7d

(b) 02号水泥掺量5%、龄期28d

(c) 03号水泥掺量5%、龄期90d

(d) 04号水泥掺量20%、龄期7d

(e) 05号水泥掺量20%、龄期28d

(f) 06号水泥掺量20%、龄期90d

图 4-47 不同水泥掺量、养护龄期下的 SEM 图像

从图 4-47(b) 的 02 号试样 SEM 图像可以看出，5%水泥掺量、养护龄期 28d 试样电镜图像中的颗粒聚集单元有一部分较大，大颗粒聚集单元与小颗粒聚集单元之间的差距较大，大颗粒聚集单元间隔较大且胶结程度较差。

从图 4-47(c) 的 03 号试样 SEM 图像可以看出，5%水泥掺量、养护龄期 90d 试样电镜图像中的大颗粒聚集单元增加，小颗粒聚集单元存在不多。大颗粒聚集单元之间较紧密，整体孔隙明显减少，胶结程度较低，结构分散。这是因为 5%的水泥掺量相对来说水泥的掺量过少，从而由水泥水化反应产生的胶凝物质较少，整体内部孔隙并没有全被填满。

基于图 4-47(a)～(c) 的 SEM 图像，从图 4-47(d) 的 04 号试样 SEM 图像可以看出，水泥掺量为 20%、养护龄期 7d 试样电镜图像中颗粒聚集单元较少，都是以很大的单元体形式存在，整体结构孔隙较大、松散。这是因为相较于 01～03 号试样其水泥掺量增加，从而产生的胶凝物质也相应增加，胶凝物质会携裹一定量的土颗粒，相互之间进一步胶凝，形成较大的结构体，导致稳定泥浆整体强度增加。

从图 4-47(e) 的 05 号试样 SEM 图像可以看出，水泥掺量为 20%、养护龄期为 28d 时，大的颗粒聚集单元体进一步变大，剩下的小颗粒聚集单元都附着在大颗粒聚集单元体上，构成较致密的整体结构。

从图 4-47(f) 的 06 号试样 SEM 图像可以看出，水泥掺量为 20%、养护龄期为 90d 试样电镜图像中大的颗粒聚集单元体全部胶凝成一个完整的整体。

2）CMS 的化学组成

对水泥掺量为 5%、20%，养护龄期为 7d、28d 和 90d，共 6 个 CMS 试样进行 EDS 试验，对应的试样编号为 01～06 号，其 EDS 能谱图如图 4-48 所示。

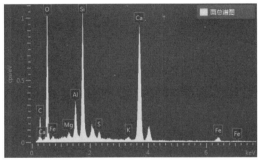
(a) 01号水泥掺量5%、龄期7d

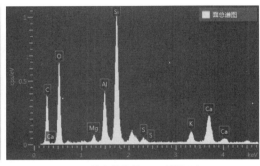
(b) 02号水泥掺量5%、龄期28d

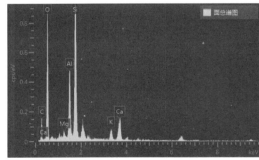
(c) 03号水泥掺量5%、龄期90d

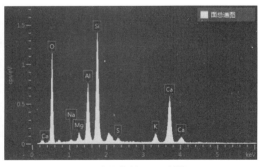
(d) 04号水泥掺量20%、龄期7d

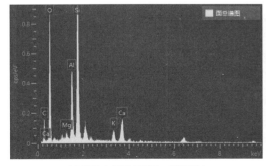
(e) 05号水泥掺量20%、龄期28d

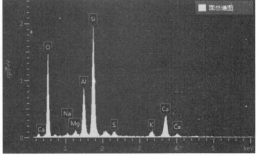
(f) 06号水泥掺量20%、龄期90d

图 4-48　不同水泥掺量、龄期下的能谱图

并对其中水泥掺量为 5%、20%，养护龄期为 7d、90d，共 4 个 CMS 试样进行 XRD 试验。对应的试样编号为 01~04 号，其 XRD 射线衍射分析图如图 4-49 所示。

从图 4-48 的 01 号试样 EDS 能谱图可以看出，5% 水泥掺量、养护龄期 7d 试样中检测出的元素主要是 Si、O、Al 和 Ca 等。

从图 4-48 的 02~06 号试样 EDS 能谱图可以看出，其试样中检测出的元素同样是 Si、O、Al 和 Ca 元素。这是因为水泥中的主要的矿物硅酸二钙和硅酸三钙与水发生水化反应，生成了改善泥浆强度的胶凝物质，胶凝物质中的化合物组成元素主要是 Si、O、Al 和 Ca 等元素。

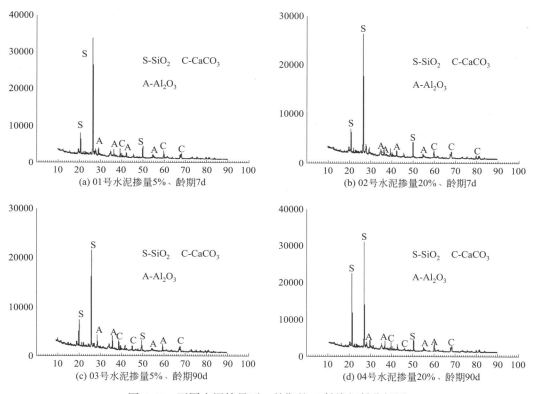

图 4-49 不同水泥掺量下、龄期的 X 射线衍射分析图

由图 4-49 可知，不同水泥掺量、不同养护龄期的 X 射线衍射分析图相近，从衍射分析图中可以得知，检测出稳定泥浆中含有 SiO_2、$CaCO_3$ 和 Al_2O_3 等化合物。特别要注意的是，衍射分析图中显示的化合物衍射强度高低不代表其质量高低，通过 X 射线衍射仪（XRD）配套的软件可得出各化合物所占的质量比例。养护龄期与化合物 SiO_2（图中简写为 Si）、$CaCO_3$（图中简写为 Ca）和 Al_2O_3（图中简写为 Al）的质量比关系如图 4-50 所示。

由图 4-50 可知，SiO_2、$CaCO_3$ 和 Al_2O_3 的质量比随着水泥掺量、养护龄期的增大而增大。在相同养护龄期下，SiO_2、$CaCO_3$ 和 Al_2O_3 的质量比随着水泥掺量的增加而增加，是因为水泥与泥浆中的土颗粒以及水发生化学反应，水泥掺量越多，反应生成的 $2CaO·SiO_2$、$3CaO·SiO_2$、Al_2O_3 的化合物也越多。在相同水泥掺量下，SiO_2、$CaCO_3$ 和

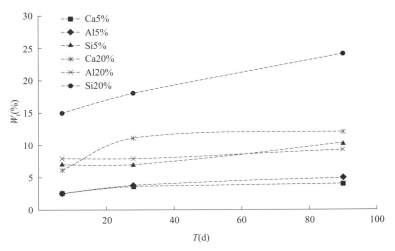

图 4-50　不同养护龄期下各化合物质量比关系图

Al_2O_3 的质量比随着养护龄期的增加而增加，因为水泥的主要成分是 $2CaO \cdot SiO_2$ 和 $3CaO \cdot SiO_2$，这两种化合物与泥浆中的水发生水化反应，但是这两种化合物反应的时间不同，$3CaO \cdot SiO_2$ 在养护时间 28d 内发生反应，而 $2CaO \cdot SiO_2$ 的反应是在养护时间 28d 后才开始，所以随着养护时间的增加，水化反应产物增多，对应检测出的含 SiO_2、$CaCO_3$ 和 Al_2O_3 等化合物增多，从 X 射线衍射分析图可看出，水泥掺量的改变和养护龄期的增加其化合物成分种类没有发生改变。

3）FCMS 的微观结构与化学成分

对 FCMS（0.5％纤维掺量、龄期 7d；1％纤维掺量、龄期 7d）共 2 个试样进行 SEM、EDS 与 XRD 微观测试，对应的试验编号 01~02 号，其 SEM 电镜图像如图 4-51 所示，其 EDS 能谱图如图 4-52 所示，XRD 射线衍射分析图如图 4-53 所示。

从图 4-51（a）的 01 号试样 SEM 电镜图可以看出，0.5％纤维、20％水泥掺量、养护龄期为 7d 的 FCMS 试样与图 4-46 中 04 号、20％水泥掺量、养护龄期为 7d 的 CMS 试样电镜图像进行对比，两者图像有明显的不同，后者的颗粒聚集单元较为松散，而前者的小颗粒聚集单元其大颗粒聚集单元胶结较为紧密，呈一个整体，可以知道掺入纤维能增加其胶结程度，其结构更加致密。

从图 4-51（b）的 02 号试样 SEM 电镜图可以看出，纤维掺量 1％、龄期 7d FCMS 试样与 01 号试样进行对比，可以看出基本上已经形成了一个单独结构体，小颗粒也附着在结构体上，胶结程度很高，同时，该结构体没有裂缝和孔隙。因为纤维可以作为一个载体聚集水泥水化反应生成的胶凝物质，并且还能改善稳定泥浆内部的连续性。

从图 4-51（c）、（d）可知，因为纤维是一个物理掺入剂，所以试样中纤维的性状不会发生改变。将 01 号、02 号试样放大 60 倍，可以清晰地看到纤维在稳定泥浆内部的情况。因此，在稳定泥浆中加入少量的纤维后，会整体提高稳定泥浆的胶凝程度，利于保持结构完整性，降低了稳定泥浆的脆性，提高了韧性。

由图 4-52、图 4-53 可知相比于不加纤维的稳定泥浆在化合物、元素组成没有变化，可知加纤维后并不会产生新成分。

第 4 章　纤维/水泥复合稳定废弃泥浆工程性能

(a) 01号纤维掺量0.5%、龄期7d　　　　　　(b) 02号纤维掺量1%、龄期7d

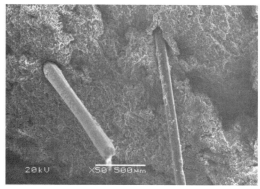 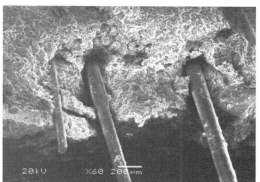

(c) 01号试样内部纤维存在方式　　　　　　(d) 02号试样内部纤维存在方式

图 4-51　SEM 电镜图像

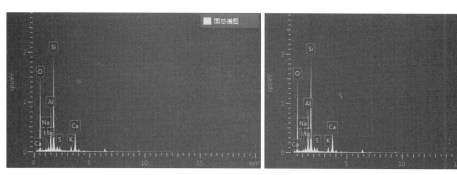

(a) 01号纤维掺量0.5%、龄期7d　　　　　　(b) 02号纤维掺量1%、龄期7d

图 4-52　EDS 能谱图

通过 SEM、EDS 和 XRD 微观试验，对比分析试样在不同养护龄期下，不同水泥/纤维掺量下，CMS、FCMS 的力学特性改善微观机理，总结如下：

（1）水泥对稳定泥浆的稳定机理。水泥中的 $3CaO·SiO_2$、$2CaO·SiO_2$ 和泥浆中的水发生水化反应，消耗了水分，降低了含水率，并且产生了大量的胶凝物质吸附聚拢了泥浆中松散的土颗粒，使整体结构致密。同时稳定泥浆中的带负电荷的小颗粒与游离的正电荷离子作用构成了引力电层，吸附大量的颗粒聚集成团，基于这些复杂的反应过程从而造

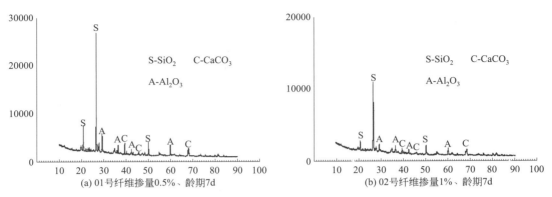

图 4-53 X 射线衍射分析图

成了泥浆的强度和脆性提升。

(2) 聚丙烯纤维对稳定泥浆的稳定机理。纤维可以作为一个载体聚集水泥水化反应生成的胶凝物质,并且还能改善稳定泥浆内部的连续性。在稳定泥浆中加入少量的纤维后,会整体提高稳定泥浆的胶凝程度,利于保持结构完整性,降低了稳定泥浆的脆性,提高了韧性。

4.3.2 冻融循环机理

根据不同纤维掺量与冻融次数微观试验中共有 9 个试样,纤维掺量与冻融次数见表 4-11。

SEM 微观试验计划表　　　　表 4-11

试样	水泥掺量(%)	纤维掺入比(%)	含水率(%)	龄期(d)	冻融循环次数(次)	试验目的
纤维/水泥稳定泥浆(水泥+纤维+泥浆)	20	0、0.5、1	100	28	0、5、10	研究冻融循环次数对不同纤维掺量稳定泥浆的微观影响

(1) 不同冻融循环次数的微观结构分析

选取微观试样组中,代表不同冻融循环次数(0 次、5 次、10 次循环,20% 水泥掺量)的稳定泥浆试样进行 SEM 微观测试,其微观测试图如图 4-54～4-56 所示。

(a) 0 纤维 0 次循环×2000 倍图　　　(b) 0 纤维 0 次循环×5000 倍图

图 4-54　0 纤维冻融循环 SEM 图像(一)

第4章 纤维/水泥复合稳定废弃泥浆工程性能

图 4-54 0 纤维冻融循环 SEM 图像（二）

由图 4-54 中 0 纤维冻融循环 SEM 图像的（a）~（d）可知，冻融环境下，养护龄期为 7d，水泥掺量为 20%，冻融次数分别为 0 次、5 次的水泥稳定泥浆微观图像类似。其微观图像均表现为：大颗粒单元体之间空隙较为明显，各大颗粒单元体趋于相互独立。小单元体与大单元体之间大多相互接触，但并未形成统一的单元体结构，整体的致密性较低。且冻融循环 5 次的水泥稳定泥浆相较于冻融循环 0 次的，其内部结构更加松散，宏观表现为抗压强度降低。

由图 4-54 中（e）、（f）可知，冻融环境下，养护龄期为 28d、水泥掺量为 20%，冻融次数分别为 10 次的纤维稳定泥浆试样内部胶结性与致密性对比（c）、（d）相似，内部遍布颗粒大小不一的单元体。单元体缝隙间开始出现数量不多但较为明显的纤维状水化物。这是因为冻融 10 次时，龄期增长了 20d，水泥与泥浆的水化反应仍在进行，且抵消了冻融循环带来的部分影响，胶凝物质的数量开始增多。但与 0 次循环试验相比，内部结构较松散，胶结程度下降。

将图 4-54 中（a）~（f）六个图像进行对比可知，（c）与（a）相比，单元体之间缝隙大且多，整体胶结程度与致密程度均低于（a）。（c）与（e）的微观图像整体胶结程度与致密程度相类似，但是（e）相较于（c）能明显看出龄期延长过程中，水泥继续进行水化反应。这一结论符合宏观力学特性，冻融次数为 10 次的水泥稳定泥浆 UCS 强度下降减缓。因此微观试验结果符合宏观力学特性。

由图 4-55 所示，0.5%纤维的稳定泥浆冻融循环 SEM 图像中（a）与图 4-54 中（a）进行对比可以看出，二者极为相似，内部胶结程度低，小颗粒单元体结构较多。大颗粒单元体之间空隙较为明显，各大颗粒单元体趋于相互独立。小单元体与大单元体之间大多相

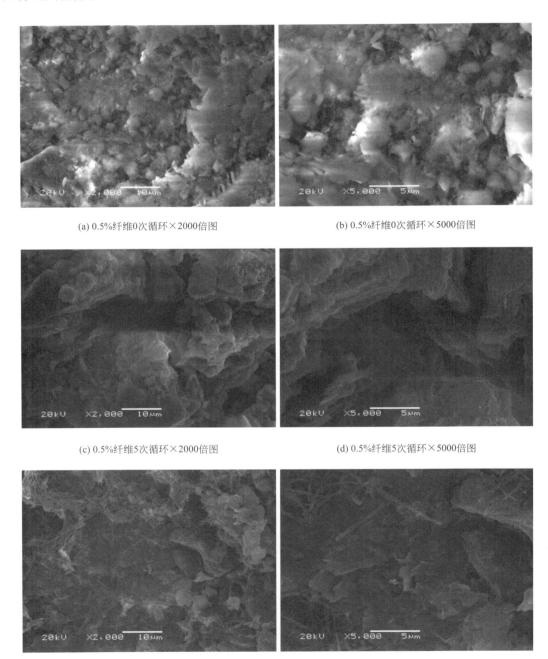

图 4-55　0.5%纤维冻融循环 SEM 图像

互接触，但并未形成统一的单元体结构，整体的致密性较低。这是因为纤维在稳定泥浆中的加固作用，主要是通过胶结面的摩擦等作用物理加固，不参与水泥稳定泥浆的微观结构的形成过程。

纤维含量为 0.5%，冻融次数分别为 0 次纤维/水泥稳定泥浆微观图像与图 4-54 的 (a) 的对比结果相似。而图 4-55 的 (c)、(d) 与图 4-54 的 (c)、(d) 对比分析可以看出，0.5%纤维的稳定泥浆的 5 次循环微观中，大单元体占比较多，且体积较大。该图像较图 4-54 的 (c) 与 (d) 试样图像胶结程度更高，结构更加致密，整体呈大团体-团粒-胶结的微观结构。虽然也存在孔隙，但是与 0 纤维的相比，其结构更为紧密。冻融循环中，高含水率稳定泥浆因含水率较高，体积收缩与膨胀较为明显，而在膨胀时，纤维可增强水泥稳定泥浆内部的连续性。(e) 与 (f) 相较于 (a)~(d)，可以看出各单元体孔隙之间出现了较多的纤维状水化物。且整体结构与图 4-54 的 (e)、(f) 进行对比可以看出，具有较多的大团粒。因此 10 次冻融循环的纤维/水泥稳定泥浆强度相较于 5 次冻融循环的纤维/水泥稳定泥浆其强度有所回升。

图 4-56 自身随着冻融循环次数增加导致的变化与前述一致，与图 4-55 对比结果及 0 纤维/水泥稳定泥浆和 0.5%纤维/水泥稳定泥浆的对比结果相同。与宏观力学结果进行对

图 4-56 1%纤维冻融循环 SEM 图像（一）

(e) 1%纤维10次循环×2000倍图　　　　　(f) 1%纤维10次循环×5000倍图

图 4-56　1%纤维冻融循环 SEM 图像（二）

比分析，可以看出纤维对于冻融后强度的加强效果主要是通过离散分布的纤维在水泥土基体内形成空间网络结构，使冻融过程中土体的变形受到了约束，可以有效克服土颗粒之间的相对滑移，延缓裂缝的扩展。稳定泥浆的微观结构随着冻融次数的提升改变较小，且更快速地趋于稳定。

（2）微观结构与抗冻性能分析

根据细观随机损伤模型可得到不同应变作用下的损伤变量取值，可以微观解释材料破坏过程中损伤的演化趋势。图 4-57 可以看出 0 纤维的纤维/水泥稳定泥浆的损伤变量随着应变增大而增加，且均有一段明显的损伤迅速增加的区域，即可以定性说明不稳定微裂缝出现的区间，证明损伤的发展如前述推断是有规律的变化。稳定泥浆的损伤变量，随着冻融次数的提升，斜率呈现增大的趋势。即在损伤出现的应变段，损伤值增加变快，损伤程度增加。但在第 5 次循环时，损伤变量的斜率变小，此时纤维/水泥稳定泥浆的损伤程度较之前有所降低。

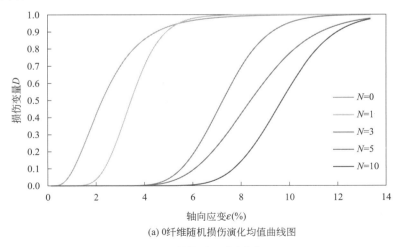

(a) 0纤维随机损伤演化均值曲线图

图 4-57　0 纤维对比分析图（一）

第4章 纤维/水泥复合稳定废弃泥浆工程性能

(b) 0纤维0次循环×2000倍图　　　　　　　(c) 0纤维0次循环×5000倍图

(d) 0纤维5次循环×2000倍图　　　　　　　(e) 0纤维5次循环×5000倍图

(f) 0纤维10次循环×2000倍图　　　　　　　(g) 0纤维10次循环×5000倍图

图4-57　0纤维对比分析图（二）

结合微观进行分析，以图4-57中（b）、（c）为基准，图4-57中（d）、（e）可以明显看出内部胶结程度变低，孔隙小且更为分散。另外内部单元体开始变得颗粒更小，而且从图4-57(e)中可以看出此时空隙内部开始出现水泥水化反应形成的微小的纤维状水化物与针状结构。而将此与随机损伤力学中的微弹簧结构进行结合分析，可以推断出空隙内部形成的水化物起到了缓冲微弹簧断裂的作用,因此 5 次循环时的损伤变量斜率减小,损伤程度变低。而从图 4-57(f)、(g) 可以看出相较之前,纤维状水化物增多,且单元体颗粒开始变大,胶凝物质开始增多。此时,稳定泥浆整体结构经过 10 次循环已经出现体积膨胀松散现象,纤维状水化物在空隙中间起连接作用,但是提供的缓冲作用已经没办法抵消冻融循环造成的损伤,因此此时的损伤程度较大,损伤变量的斜率增大。

由图 4-58(a) 可以看出,损伤变量的斜率随着冻融次数的增加而呈现减小的趋势,且在第 5 次循环时,其损伤变量斜率最小,证明此时的损伤程度最低,从微观分析解释为空隙内部开始出现水泥水化反应形成的微小的纤维状水化物与针状结构。将此与随机损伤力学中的微弹簧结构进行结合分析,可以推断出空隙内部形成的水化物起到了缓冲微弹簧断裂的作用,因此 5 次循环时的损伤变量斜率减小,损伤程度变低。图 4-58 的 (d)、(e) 与图 4-57 的 (d)、(e) 对比分析可以看出,0.5% 纤维稳定泥浆的 5 次循环微观中,大单元体占比较多,且体积较大。另外图像中还存在少量的团粒,其与大团体胶结程度较高,并有向大团体转换的趋势。该图像较图 4-57 的 (d) 与 (e) 试样图像胶结程度更高,结构更加致密,整体呈大团体-团粒-胶结的微观结构。冻融循环中,高含水率稳定泥浆因含水率较高,体积收缩与膨胀较为明显,而在膨胀时,纤维可增强水泥稳定泥浆内部的连续性。图 4-58 中的 (f)、(g) 相较于图 (b)~(e),同样出现了明显的纤维状水化物,且整体结构与图 4-57 的 (e)、(g) 进行对比可以看出,具有较多的大团粒。

图 4-58(a) 与图 4-57(a) 对比可以看出第 10 次循环的损伤变量斜率变小。图 4-58 为添加了 0.5% 纤维的稳定泥浆的损伤演化均值曲线,在 0 次循环时,整体结构较 10 次循环更为紧密,纤维对损伤变量的影响较小,此时的损伤曲线更多的是对土体本身损伤演化的诠释。而在 10 次循环时,土体结构更为松散,由图 4-58 可以看出,此时单纯的水泥稳定泥浆的损伤演化速度较快,而纤维的损伤发展不随冻融循环次数的增加而变化。此时纤维的损伤变量开始对整体损伤变量发展产生明显影响,在宏观上表现为损伤变量的斜率开始降低,整体损伤程度减小。

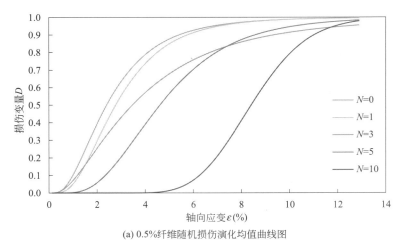

(a) 0.5%纤维随机损伤演化均值曲线图

图 4-58 0.5%纤维对比分析图(一)

第 4 章　纤维/水泥复合稳定废弃泥浆工程性能

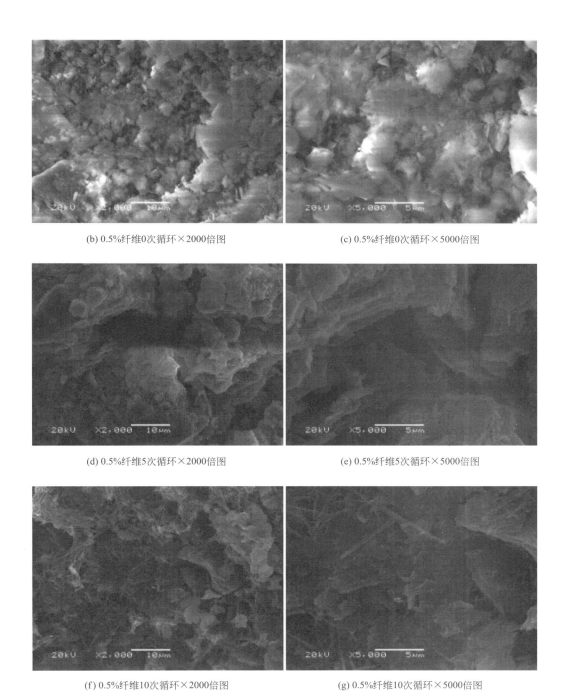

(b) 0.5%纤维0次循环×2000倍图　　　　　(c) 0.5%纤维0次循环×5000倍图

(d) 0.5%纤维5次循环×2000倍图　　　　　(e) 0.5%纤维5次循环×5000倍图

(f) 0.5%纤维10次循环×2000倍图　　　　　(g) 0.5%纤维10次循环×5000倍图

图 4-58　0.5%纤维对比分析图（二）

由图 4-59 可以看出损伤变量的斜率随着冻融次数的增加而呈现减小趋势，但进行对比可以看出，图 4-58 中第 10 次循环的损伤变量斜率较低，整体损伤程度很低。原因与图 4-59 的分析一致，在第 10 次循环时，纤维损伤变量的发展开始对整体损伤变量的发展产生明显影响，在宏观上表现为损伤变量的斜率开始降低，整体损伤程度减小。

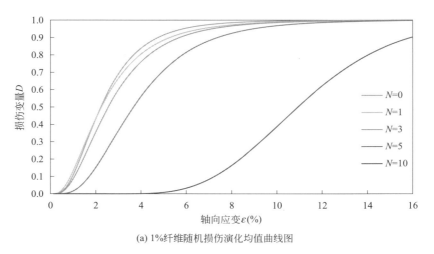

(a) 1%纤维随机损伤演化均值曲线图

(b) 1%纤维0次循环×2000倍图　　　　　　(c) 1%纤维0次循环×5000倍图

(d) 1%纤维5次循环×2000倍图　　　　　　(e) 1%纤维5次循环×5000倍图

图 4-59　1%纤维对比分析图（一）

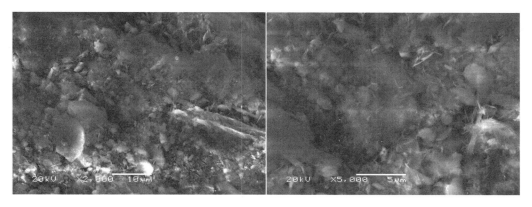

(f) 1%纤维10次循环×2000倍图　　　　　(g) 1%纤维10次循环×5000倍图

图 4-59　1%纤维对比分析图（二）

4.4　本章小结

从纤维/水泥复合稳定废弃泥浆路用性能、长期性能和微观机理可以得出，采用纤维、水泥对废弃泥浆进行复合稳定，其力学性能能够满足路基材料的要求。同时随着养护龄期的增长，CMS 和 FCMS 的强度增加明显，同时纤维能够有效提高 CMS 的抗冻性能。从微观结构和化学成分变化来看，随着水泥水化作用，使得 CMS 内部产生胶凝物质，填充颗粒之间的孔隙从而使其强度和长期性能得到提高。因此，纤维、水泥适合于复合稳定高含水率的废弃泥浆，至于最佳纤维、水泥掺量可根据工程实际需要，通过正交试验综合确定。

第 5 章

石灰稳定废弃泥浆工程性能

当前,随着城市化建设进程的不断加快,城市高架桥、轨道交通和重点交通路网的全面推进,产生了大量的建筑废弃泥浆,而无论是对废弃泥浆进行集中运输、固化处置所投入的大量资金,还是固化产物所占用的大量土地,都已成为各级地方政府面临的新的难题。因此,对废弃泥浆的资源化利用已成为当前一项重要工作,目前虽在一定领域进行了利用尝试,但仍存在利用数量少、利用效率低等问题,而这与日益增长的废弃泥浆数量相比依然只是杯水车薪。

国内外学者相继开展了固化剂对废弃泥浆稳定技术的研究,如采用粉煤灰、工业矿粉、水泥、生石灰、高分子添加剂复合稳定废弃泥浆,再将产生的固化泥浆应用于路基填筑,对废弃泥浆进行了有效利用。本章主要采用石灰作为固化剂对低含水率的废弃泥浆进行复合稳定,并对石灰复合稳定废弃泥浆的路用性能、长期性能和微观机理进行分析。

5.1 石灰稳定废弃泥浆路用性能

5.1.1 配合比设计

在石灰稳定泥浆中石灰掺量为5%、6%、7%、8%、9%、10%,主要进行击实试验、CBR试验、无侧限抗压强度试验和动三轴试验。主要材料配合比和试验方案见表5-1。

石灰稳定废弃泥浆土配合比试验方案 表5-1

石灰掺量(%)	含水率	试验内容
5、6、7、8、9、10	最佳含水率	击实试验、CBR试验、无侧限抗压强度试验、动三轴试验

5.1.2 击实特性

通过击实试验确定石灰稳定废弃泥浆的最优含水率与最大干密度。根据《公路工程无机结合料稳定材料试验规程》JTG E51—2009对石灰稳定废弃泥浆进行击实试验,具体

步骤如下:
(1) 取石灰、废弃泥浆的混合干料 10kg,再将干料分成 5 份,每份干料的质量为 2kg。设定 5 个不同含水率,并且其中至少有两个大于和两个小于最优含水率。
(2) 根据设定含水率制备土样,将水与干料搅拌均匀,放入密封塑料袋中浸润 24h。
(3) 将浸润好的土样按四分法分 5 次装入内径 100mm、高 127mm 的击实筒中,每次用重 4.5kg 的击实锤击实 27 下,锤完用刮土刀拉毛。击实筒如图 5-1 所示,击实锤如图 5-2 所示。

图 5-1 击实筒

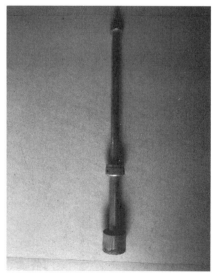

图 5-2 击实锤

(4) 击实之后取下套筒,刮平试样表面,擦净击实筒的外壁,称其质量,随后在试样中心部位取样进行含水率试验,得出干密度与含水率。

（5）重复步骤（3）、（4），对不同含水率的土样进行试验，得到各自的干密度和含水率。

石灰添加按测定干废弃泥浆土质量的5%、6%、7%、8%、9%、10%进行室内检测。得到不同石灰掺量时的最优含水量和最大干密度的试验结果如图5-3所示。

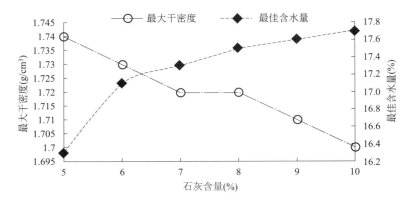

图5-3 不同石灰掺量时石灰稳定废弃泥浆的最大干密度和最优含水量

从图5-3可以看出，最大干密度的变化范围为1.7~1.75g/cm³，最佳含水量的变化范围在16.4%~17.7%之间。随着石灰掺量的增加，石灰稳定废弃泥浆的最大干密度逐渐减小，最佳含水量逐渐增大。

5.1.3 CBR值

在最优含水量的条件下，按照每层30击的试验方法，进行CBR试验，得到石灰稳定废弃泥浆的CBR试验结果如图5-4所示。

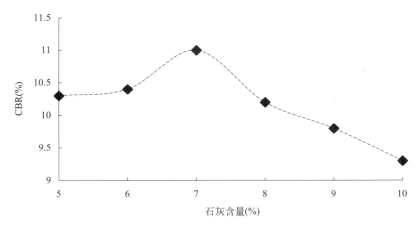

图5-4 石灰稳定废弃泥浆的CBR测试结果

从图5-4可以看出，采用石灰稳定废弃泥浆时，在石灰掺量5%~10%时，稳定泥浆的CBR值在9~11之间，满足《公路路基设计规范》JTG D30—2015对CBR值的要求。随着石灰掺量的增加CBR先增大后减小，并且当石灰掺量达到7%时，石灰稳定废弃泥浆 CBR 值达到峰值 11。

5.1.4　无侧限抗压强度

（1）试验过程

根据《公路土工试验规程》JTG 3430—2020 制备试样，试样尺寸为 50mm×50mm，一组个数为 6。

1）按照试验方案称取相应质量的石灰和烘干后的黏土和铁尾矿，将它们均匀地拌合在一起，随后加入水搅拌均匀，得到混合料，将混合料装入塑料袋中焖料 24h。

2）称取一定质量的混合料分三次装入涂抹好机油的试模中，放好上下的垫块。随后将整个试模放到压力试验机上，以 1mm/min 的加载速率加压，直到上下的垫块都压入试模为止，维持压力 2min。试模如图 5-5 所示，压力试验机见图 5-6 所示。

图 5-5　试模

图 5-6　压力试验机

3）解除压力，取下试模，放到脱模器上将试样脱出。称取试样的质量，最后用保鲜膜包好，放入标准养护箱养护，养护温度20±2℃，相对湿度在95%以上。试样见图5-7，脱模器见图5-8。

图 5-7　试样

图 5-8　脱模器

4）采用全自动无侧限抗压强度仪进行测试，如图5-9所示，加载速率为1mm/min。

（2）无侧限抗压强度试验结果

通过测试可得到石灰稳定废弃泥浆的无侧限抗压强度如图5-10所示。

第 5 章　石灰稳定废弃泥浆工程性能

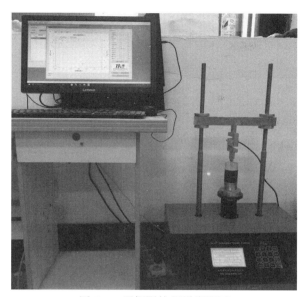

图 5-9　无侧限抗压强度测试

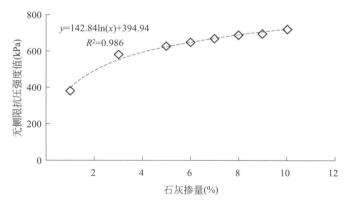

图 5-10　石灰稳定废弃泥浆的无侧限抗压强度

从图 5-10 中可以看出，随着石灰掺量的增加石灰稳定废弃泥浆的无侧限抗压强度逐渐增加，无侧限抗压强度在 400~800kPa 之间，并且，无侧限抗压强度与石灰掺量之间满足线性对数关系。

5.1.5　动力性能

（1）动力性能试验方案及加载条件

1）试验方案

采用石灰稳定废弃泥浆进行动三轴研究，本章为系统性研究荷载频率对石灰复合土替代填料长期动力特性的影响规律。在不同的荷载频率、循环应力比及围压下，针对石灰稳定废弃泥浆开展 10000 次饱和排水大型三轴循环试验。为表征不同围压下的动应力水平，定义循环应力比 ζ（Cyclic stress ratio）如下：

$$\zeta = q^{ampl}/\sigma_3 \tag{5-1}$$

式中：q^{ampl} 为循环偏应力 $q^{ampl} = \sigma_1^{max} - \sigma_1^{min}$。

本章试验共 20 个试样，根据所施加的循环应力比 ζ 与围压 σ_3 分成五组，具体试验方案见表 5-2。根据已有研究，公路路基荷载频率一般分布在 0.1~10Hz 之间，试验采用的 GDS 大型循环三轴系统在大次数循环加载下，可平稳施加的最大频率为 3Hz，故试验选取在 4 个荷载频率下（$f = 0.2Hz$、0.5Hz、1Hz 和 3Hz）进行加载。

试验方案表　　　　　　　　　　　　　　表 5-2

试验组号	σ_3(kPa)	q^{ampl}(kPa)	ζ	f(Hz)
A_1-A_4	20	20	1	0.2,0.5,1,3
B_1-B_4	20	60	3	0.2,0.5,1,3
C_1-C_4	20	100	5	0.2,0.5,1,3
D_1-D_4	40	120	3	0.2,0.5,1,3
E_1-E_4	60	180	3	0.2,0.5,1,3

A 组、B 组和 C 组均选用 20kPa 围压，而施加不同的循环偏应力，所对应的循环应力比 ζ 分别为 1、3、5，以对比不同动偏应力下荷载频率对路基土体回弹模量及轴向累积变形的响应机制及影响规律。B 组、D 组与 E 组中循环应力比 ζ 同为 3，分别施加 20kPa、40kPa、60kPa 围压，以分析同一循环应力比不同围压条件下，荷载频率对路基土体回弹模量及轴向累积变形的影响。

2) 试样加载

反压饱和结束后，使用高级加载模块（Andvanced Loading）将试样先各向同性固结至设定围压值，随后施加循环偏应力 q^{ampl} 进行饱和排水循环三轴试验。所有试样第一圈均采用 $f = 0.01Hz$ 缓慢加载方式，以消除试样上下部的不规则性，进而消除试样的初始阶段变形以及孔压的产生。试验加载波形采用半正弦波连续加载，如图 5-11 所示。

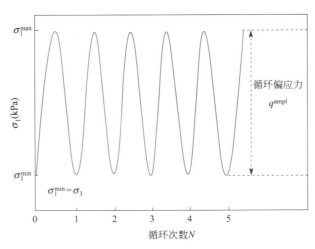

图 5-11　加载波形图

(2) 循环荷载下的应力应变特征

1) 典型试验结果分析

图 5-12 为 B_4（$\sigma_3=20\text{kPa}$，$\zeta=3$，$f=3\text{Hz}$）试样的初期应变示意图，由于加载第一圈误差过大，中轴向应变从加载第二圈开始计算，在此引入一些定义。

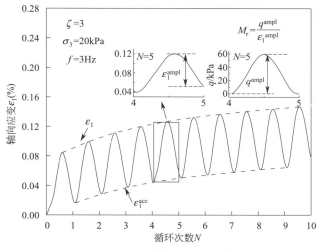

图 5-12　B_4 试样初期应变示意图

由图 5-12 可知，试样产生的轴向变形由可恢复的回弹变形与不可恢复的累积变形两部分组成：ε_1 为轴向总应变，由轴向累积变形 $\varepsilon_1^{\text{acc}}$ 和轴向回弹应变 $\varepsilon_1^{\text{ampl}}$ 组成：

$$\varepsilon_1 = \varepsilon_1^{\text{acc}} + \varepsilon_1^{\text{ampl}} \tag{5-2}$$

为定量分析回弹特性，定义回弹模量 M_r 如下：

$$M_r = q^{\text{ampl}} / \varepsilon_1^{\text{ampl}} \tag{5-3}$$

图 5-13 为轴向应变随循环次数发展曲线，图 5-13(a) 给出了不同应力比下的轴向应变图。由图 5-13 可见，试验加载初期，石灰稳定废弃泥浆轴向累积变形发展迅速，但随后累积应变速率逐渐降低，最后石灰稳定废弃泥浆的轴向累积变形得以稳定，回弹变形也

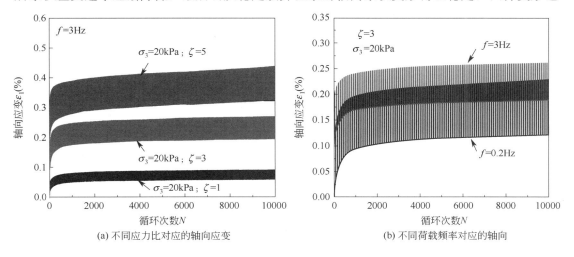

(a) 不同应力比对应的轴向应变　　　　　(b) 不同荷载频率对应的轴向

图 5-13　轴向应变随循环次数发展曲线

逐步趋于恒定。随着循环应力比的提高，试样的轴向累积变形 ε_1^{acc} 及回弹变形 ε_1^{ampl} 均随之增大；图 5-13(b) 绘制了围压 20kPa，循环应力比为 3，荷载频率为 $f=0.2$Hz 与 3Hz 时（即 B_1 和 B_4 试样）轴向应变随循环次数的发展曲线。在循环荷载作用下，荷载频率对轴向累积变形 ε_1^{acc} 和轴向回弹应变 ε_1^{ampl} 均有影响，回弹变形随荷载频率的增大而减小，累积变形则随着荷载频率的增大而增大。

2) 体应变发展规律

图 5-14(a)～(e) 分别给出了 5 个应力条件下，4 个荷载频率作用下各试样体应变随循环次数的变化曲线。从图 5-14 中可以看到，随着循环次数的增加，体应变均相应增大。各循环应力条件及荷载频率下，试样均表现出体缩现象，且各个体应变曲线的发展规律相似。在加载前期，试样体应变显著增长，大约在 $N=1000$ 处，体应变发展速率减小并逐渐趋于稳定（$\zeta=5$，$f=3$ 时除外），表明石灰稳定废弃泥浆试样基本达到密实状态。例如 B_3 试样（$\sigma_3=20$kPa，$\zeta=3$，$f=1$），该试样最初的 1000 次循环产生了 0.187% 的体应变，占最终体应变的 85.6%。当 $\zeta=5$，$f=3$ 时，试样的体应变在 $N=1000$ 后仍在持续增大，试样处于增量破坏阶段，荷载循环次数足够大时，试样将发生破坏。

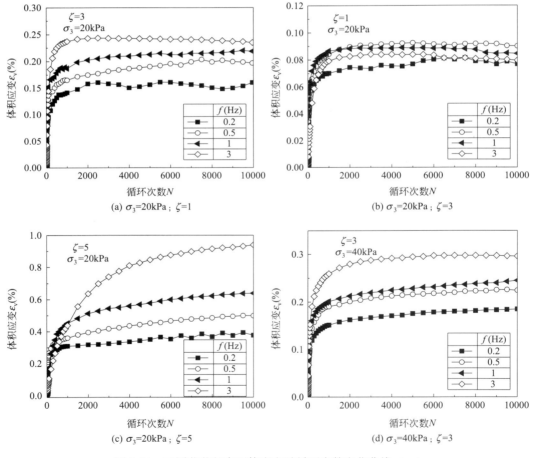

图 5-14 不同荷载频率下体应变随循环次数变化曲线（一）

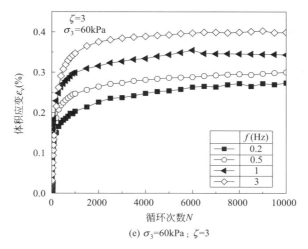

(e) $\sigma_3=60\mathrm{kPa}$;$\zeta=3$

图 5-14 不同荷载频率下体应变随循环次数变化曲线（二）

图 5-15（a）给出了同一围压（$\sigma_3=20\mathrm{kPa}$）三种循环应力比（$\zeta=1,3,5$）下石灰复合土路基填料在荷载频率 $f=0.2\mathrm{Hz}$ 和 $3\mathrm{Hz}$ 时体应变随循环次数的变化情况，可以看到体应变随循环应力比增加而显著增大；荷载频率对体应变的影响与循环应力比有关，在循环应力比为 1 时，荷载频率对体应变基本无影响，但随循环应力比增大，频率增大引起的体应变增大现象更为明显，表明土体压密现象更为显著。需要指出的是，与其他频率相比，$f=3\mathrm{Hz}$ 下前期体应变值较小，这是由于较高频率作用下，仪器对排水体积的记录存在一定的滞后性，但不影响最终值的记录。图 5-15（b）给出了同一循环应力比 $\zeta=3$ 时，3 个围压下路基填料体应变随循环次数的变化情况，可以看到随着围压的增大，体应变显著增大，且荷载频率从 $f=0.2\mathrm{Hz}$ 增加到 $3\mathrm{Hz}$ 时，体应变在各围压下均显著增加。

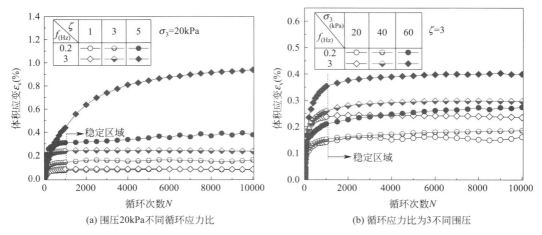

(a) 围压20kPa不同循环应力比　　　　(b) 循环应力比为3不同围压

图 5-15 不同荷载频率下体应变随循环次数变化曲线

3）回弹特性

图 5-16 给出了 B_3 试样在 $N=10$ 次，100 次，1000 次，5000 次，10000 次循环下的典型应力-应变滞回曲线。从图 5-16 中可以看到，随着荷载循环的次数增加，滞回圈的倾

斜度增加，回弹模量相应增大；滞回圈面积则随循环次数发展逐渐减小，表明石灰稳定废弃泥浆阻尼比随循环次数减少。从 $N=10$ 到 $N=1000$，滞回圈的倾斜度明显增大，回弹模量增大明显，滞回圈面积快速减小，但从 $N=1000$ 到 $N=10000$ 这一阶段，滞回圈的倾斜度无明显变化，近乎重合，滞回圈形状接近线形，材料的动力响应逐渐接近弹性。加载前期试样密实化快速发展，至 $N=1000$ 试样基本达到密实状态。

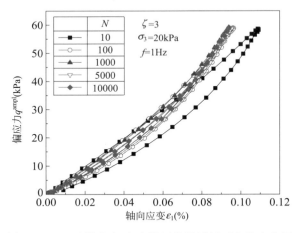

图 5-16　B_3 试样应力-应变滞回曲线随循环次数变化图

图 5-17 给出了围压为 20kPa，循环应力比为 3 时，4 个荷载频率下（$B_1 \sim B_4$）试样的应力-应变滞回曲线，图 5-17(a)～(d) 分别对应循环次数 $N=10$，100，1000 与 10000 时的滞回圈。在相同的应力条件下，不同荷载频率作用时的应力-应变滞回曲线表现出较大的差异。从图 5-17(a) 中 4 个滞回圈可以看出，频率越大使得滞回曲线越陡，表明试样回弹模量越大；且高频作用下滞回圈越接近线形，表明填料阻尼比减小，能量耗散越少。

图 5-18 绘制了各循环应力比、围压与荷载频率下回弹模量随循环次数发展情况。由图可知，加载初期所有试样的回弹模量迅速增大，随后增速减缓直至在 $N=1000$ 附近模量值到达稳定，随后回弹模量随循环次数的增加基本保持不变，表明试样基本完成密实化

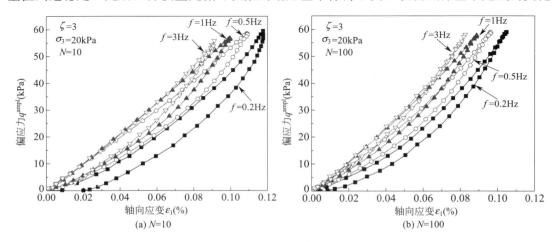

图 5-17　不同荷载频率下试样应力-应变滞回曲线（一）

第 5 章 石灰稳定废弃泥浆工程性能

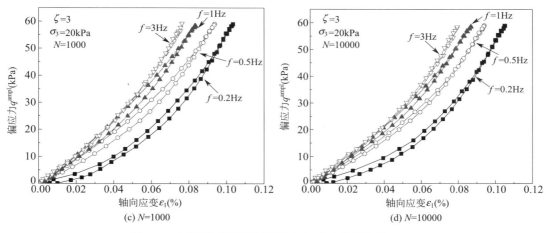

图 5-17 不同荷载频率下试样应力-应变滞回曲线（二）

过程且其刚度达到最大值。同时，同一应力状态下，荷载频率对回弹模量影响显著，频率增加使得回弹模量明显增大，以 $B_1 \sim B_4$ 试样为例，当 $N=10000$ 时各试样的最终回弹模

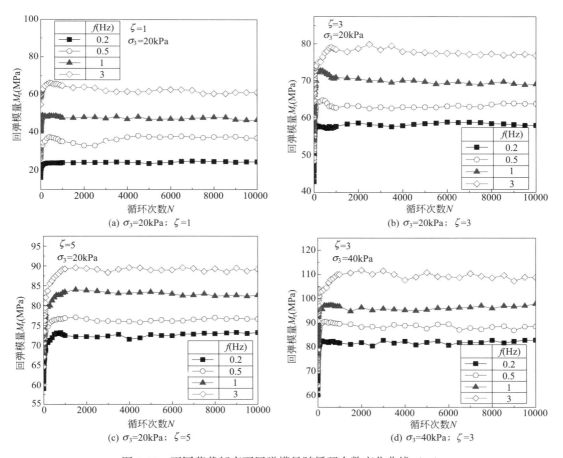

图 5-18 不同荷载频率下回弹模量随循环次数变化曲线（一）

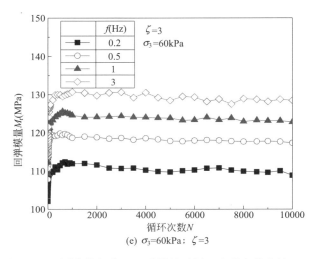

(e) $\sigma_3=60\text{kPa}$；$\zeta=3$

图 5-18　不同荷载频率下回弹模量随循环次数变化曲线（二）

量值分别为 56.63MPa、63.73MPa、69.06MPa 及 78.24MPa，当荷载频率从 $f=0.2\text{Hz}$ 增加至 3Hz 时，石灰稳定废弃泥浆的回弹模量增大了 38%。

图 5-19(a) 给出了同一围压（$\sigma_3=20\text{kPa}$）3 个循环应力比（$\zeta=1,3,5$）下石灰稳定废弃泥浆在两种荷载频率下（$f=0.2\text{Hz}$，3Hz）回弹模量随循环次数变化情况。图中可以看到，较大的循环应力比作用下得到的石灰稳定废弃泥浆回弹模量明显较大，同时荷载频率的增大使得回弹模量显著增大。

图 5-19(b) 绘制了同一循环应力比 $\zeta=3$ 时 3 个围压（$\sigma_3=20\text{kPa}$、40kPa、60kPa）下，路基填料在荷载频率为 $f=0.2\text{Hz}$ 与 3Hz 下回弹模量随循环次数发展情况。在同一循环应力比下，围压增大能显著提高石灰稳定废弃泥浆回弹模量值，这与 AASHTO（2008）所推荐的路基回弹模量计算公式一致，但推荐公式并未考虑荷载频率对路基回弹模量的影响，图 5-19 中可见回弹模量均随荷载频率增加而显著增大。

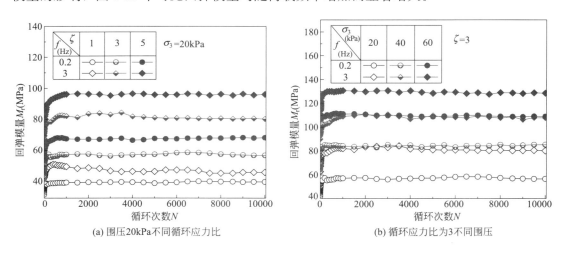

(a) 围压20kPa不同循环应力比　　　　(b) 循环应力比为3不同围压

图 5-19　不同荷载频率下回弹模量随循环次数变化曲线

为了进一步分析不同循环应力比与围压下，荷载频率对石灰稳定废弃泥浆回弹模量的影响，图 5-20 绘制了 5 组试验 $N=10000$ 次循环后试样最终回弹模量值与频率的关系图。在不同循环应力比下土体回弹模量均随着荷载频率的增加而单调增加。围压为 20kPa 时，荷载频率从 $f=0.2$Hz 增加到 $f=3$Hz，石灰稳定废弃泥浆回弹模量在循环应力比为 $\zeta=1$、3、5 时，分别增加了 15.49%、38.16%、45.61%，即在高循环应力比时，荷载频率增大引起的回弹模量增大现象更为显著。此外，观察图 5-20 中循环应力比 $\zeta=3$ 时，围压分别为 20kPa、40kPa、60kPa 的三条曲线，当荷载频率从 $f=0.2$Hz 增加到 $f=3$Hz 时，回弹模量分别增加 38%、26%、18%，表明同一循环应力比下，围压增加将降低荷载频率对石灰稳定废弃泥浆回弹模量的影响。

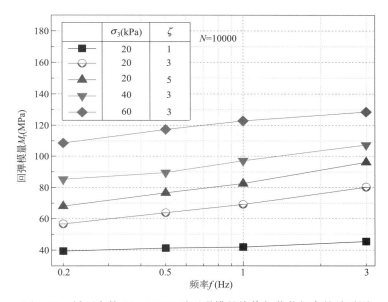

图 5-20 循环次数 $N=10000$ 时回弹模量终值与荷载频率的关系图

4）轴向累积应变

不同荷载频率下石灰稳定废弃泥浆的轴向累积应变如图 5-21 所示。

观察图 5-21 可知，石灰稳定废弃泥浆的轴线累积应变同样呈现出前期迅速发展、后期发展减缓至稳定的现象。加载前期，累积应变速率较大，试样具有明显的塑性应变累积，但累积应变速率在前 1000 个循环内逐渐降低，使得加载后期的累积应变速率保持在一个较低的水平，试样只有微小的轴向累积应变，试样的动力响应逐步趋于弹性。不同的应力条件下，荷载频率对石灰稳定废弃泥浆轴向累积应变的影响相去甚远，在循环应力比 $\zeta=1$ 时，荷载频率对试样轴向累积应变影响甚微，但随着循环应力比增大（$\zeta=5$），频率的影响得以彰显。为直观分析荷载频率在各个应力条件下对石灰稳定废弃泥浆轴线累积应变的影响，此处绘制了图 5-22 的表达形式进行分析。

观察图 5-22(a) 可知，同一围压下随着循环应力比增大，轴向累积应变显著增加。在循环应力比 $\zeta=1$ 时，$f=0.2$Hz 和 3Hz 所对应的试样轴向累积应变基本重合，表明循环应力比较小时，荷载频率对路基填料轴向累积变形基本无影响。但在较高循环应力比下（$\zeta=3,5$），频率更高的荷载产生的轴向累积应变更大，较高循环应力比下荷载频率对路

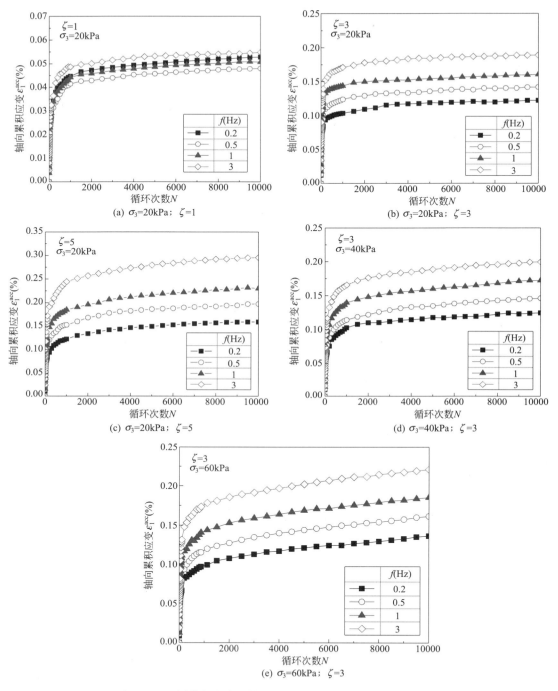

图 5-21 不同荷载频率下轴向累积应变随循环次数变化曲线 1

基填料累积变形的影响更为显著。

图 5-22(b) 表明，同一循环应力比（$\zeta=3$）下，围压增大对轴向累积应变影响不大；不同围压下荷载频率增大，轴向累积应变增大。

第 5 章 石灰稳定废弃泥浆工程性能

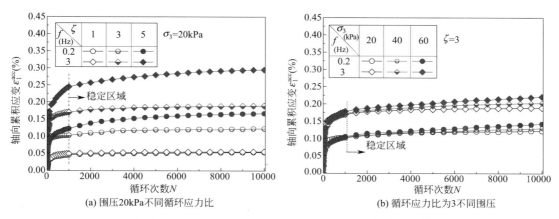

图 5-22 不同荷载频率下轴向累积应变随循环次数变化曲线 2

为清楚地分析石灰稳定废弃泥浆压密阶段与稳定阶段荷载频率对路基轴向累积变形的影响，图 5-23（a）与（b）给出了石灰稳定废弃泥浆压密阶段轴向累积应变 $\varepsilon_{1,1000}^{acc}$ 与压密后阶段轴向累积应变增量 $\varepsilon_{1,10000}^{acc} - \varepsilon_{1,1000}^{acc}$ 随荷载频率的变化情况。

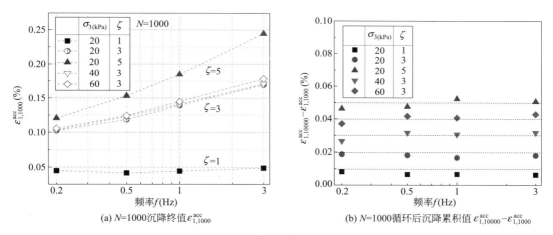

图 5-23 各个应力水平下轴向累积应变终值图

图 5-23（a）中给出了石灰稳定泥浆压密阶段轴向累积应变 $\varepsilon_{1,1000}^{acc}$ 随荷载频率变化情况。从图中可以看到，循环应力比较低时（$\zeta=1$），不同荷载频率所产生的轴向累积应变很接近，此时频率对密实化阶段轴向累积变形基本无影响。然而随着循环应力比的增加，当荷载频率从 $f=0.2$Hz 增加到 3Hz，试样轴向累积变形在 $\zeta=3$ 时增加了 65.40%，在 $\zeta=5$ 时增加了 102.92%。在较高的循环应力比下，荷载频率增加将引起更大的轴向累积应变增量。此外，还可以观察到同一循环应力比（$\zeta=3$）不同围压下，试样轴向累积应变随荷载频率的变化基本一致。

图 5-23（b）给出了变形稳定阶段轴向累积应变增量 $\varepsilon_{1,10000}^{acc} - \varepsilon_{1,1000}^{acc}$ 随荷载频率的变化情况。变形稳定阶段轴向累积应变随着循环应力比的增大而增大，且同一循环应力比下，变形稳定阶段轴向累积变形随着围压的增加而增大。但压密后阶段轴向累积应变基本平行于频率轴，表明荷载频率对压密后阶段路基轴向累积变形基本无影响。

5）应变累积方向

应变累积方向为偏应变 ε_q^{acc} 与体积应变 ε_v^{acc} 的比值，图 5-24 分别给出三个循环应力比下，荷载频率对应变累积方向的影响图。由图可知，加载前期，与体应变相比，偏应变增长较快，此时体应变-偏应变曲线斜率较大。随着累积变形的发展，偏应变增速逐渐减缓，同时体应变快速增长，图中各曲线中段斜率小发展较为平缓。加载后期，体变发展稳定，偏应变再次增大，曲线斜率再次增大。观察可知各个应力状态下，试样的体应变-偏应变曲线均呈现出上述发展规律。同时，各个循环应力比下，不同荷载频率的体应变-偏应变曲线发展趋势相同且较为接近，说明荷载频率对石灰稳定废弃泥浆试样的应变累积方向基本无影响。

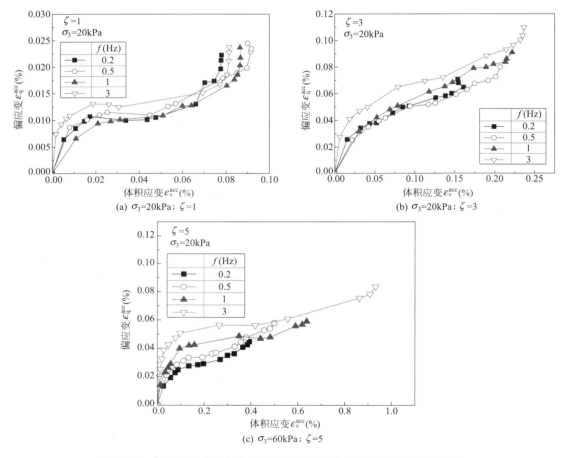

图 5-24 各循环应力比与荷载频率下石灰复合土试样应变累积方向图

6）石灰掺量对石灰稳定废弃泥浆的动力特性影响

当废弃泥浆中加入一定量的石灰时，废弃泥浆的液限和塑限含水率呈增长的趋势，塑性指数呈现下降趋势。当石灰掺量为 5% 时，石灰稳定废弃泥浆的塑限含水率上升幅度比较明显，上升了 13%。当超过 5% 时，上升幅度变为平缓，在石灰掺量为 3% 时，石灰稳定废弃泥浆的液限含水率上升幅度比较明显，上升了 6%。当超过 3% 时，上升幅度开始变为平缓。当石灰掺量到达 7% 时，石灰稳定废弃泥浆的液限和塑限含水率达到了一个拐点。当超过 7% 时,液限和塑限含水率呈缓慢下降的趋势,塑性指数缓慢上升,最后趋于稳定。

少量石灰加入废弃泥浆中,废弃泥浆的液限和塑限含水率上升是因为石灰加入土中,生石灰与土反应消耗一部分水,而离子的交换与消石灰的结晶同样也需要水,所以在物理化学作用下液限和塑限含水率增大,塑性指数降低,从而降低了土的可塑性。当石灰掺量较大时,石灰含量较多时,过多的石灰会水化形成微晶或非晶 $Ca(OH)_2$ 包裹在废弃泥浆颗粒表面上,这层微晶会阻碍废弃泥浆颗粒间的接触,从而导致废弃泥浆的黏聚力下降,液限和塑限含水率降低。

随着掺灰比的增加,石灰稳定废弃泥浆的动强度逐渐增加。当掺灰比为 3% 时,动剪应力相对于素土并无明显增长,且随着循环次数的增加,动剪应力急剧减少,逐步向素土接近。但当掺灰比大于 4% 时,动剪应力增长很明显。

在循环次数和围压相同的条件下,石灰稳定废弃泥浆在 $f=3Hz$ 时的动剪应力高于在 $f=5Hz$ 时的动剪应力。但在 $f=1Hz$ 时的动剪应力却低于在 $f=8Hz$ 时的动剪应力,甚至在高破坏振次下,还低于其在 $f=5Hz$ 时的动剪应力。废弃泥浆、3% 石灰稳定废弃泥浆、4% 石灰稳定废弃泥浆和 8% 石灰稳定废弃泥浆,在 $f=5Hz$ 时的动剪应力低于在 $f=1Hz$ 时的动剪应力。石灰稳定废弃泥浆的动剪应力特性规律呈现出随频率升高,动剪应力呈现下降的趋势。

围压对轴向应变的发展也有很大影响。废弃泥浆、3% 石灰稳定废弃泥浆、4% 石灰稳定废弃泥浆试样在高围压下,轴向应变增长越缓慢;而 5% 石灰稳定废弃泥浆、8% 石灰稳定废弃泥浆则相反,轴向应变增长愈快。在其他条件相同的情况下,频率对轴向应变的影响因土而异。5% 石灰稳定废弃泥浆在 $f=3Hz$ 时产生的轴向应变低于在 $f=5Hz$ 时产生的,而在 $f=1Hz$ 时产生的轴向应变却高于在 $f=8Hz$ 时产生的,如果施加动应力大于某一临界值,甚至高于在 $f=5Hz$ 时产生的轴向应变。废弃泥浆及其他石灰稳定废弃泥浆,在 $f=5Hz$ 时产生的轴向应变高于在 $f=3Hz$ 时产生的轴向应变。

5.2 石灰稳定废弃泥浆长期性能

道路路基填料层一般建于地下水位之上,常年处于非饱和状态,含水率(基质吸力)随季节变化,易受降雨、冻融等环境因素影响,已成为评价道路长期动力特性所不可忽视的因素。由于试验条件的限制,目前针对非饱和路基填料粗粒土长期动力特性的研究主要基于含水率控制的试验,而未能在试验中实现基质吸力的控制与量测,进而无法运用非饱和土力学原理深入研究循环荷载下非饱和路基填料长期动力特性。

由于雨水的渗入和地下水位变化等因素,道路路基填料含水率随时间和季节呈周期性变化,路基填料干湿循环变化导致其经历复杂的基质吸力历史。已有研究表明土体基质吸力历史对非饱和强度变形特性有不可忽略的影响。目前关于非饱和土基质吸力历史影响的研究主要针对非饱和黏土或者砂土,鲜有研究基质吸力历史对交通荷载下路基填料长期变形特性的影响。因此,有必要开展控制基质吸力模式下的大型三轴循环试验,系统研究复杂基质吸力历史对交通循环荷载下非饱和路基填料长期动力特性的影响。

此外,由于多变的环境因素以及长期交通荷载的反复作用,下卧软土层黏粒易翻浆侵入公路路基填料中，对路基填料层造成污染，这不仅改变了路基填料内部结构以及持水特性，也对公路路基填料的长期动力特性产生了不可忽视的影响。

含水率的变化主要通过基质吸力实现，本节内容主要由两部分组成：第一部分对大型三轴循环试验系统进行了非饱和测试模块升级，通过轴平移法控制石灰稳定废弃泥浆试样的初始基质吸力，在2种循环偏应力幅值（$q^{ampl}=60\text{kPa}$，$q^{ampl}=100\text{kPa}$）和4种初始基质吸力（$s=0\text{kPa}$，30kPa，60kPa，90kPa）条件下进行了大次数循环加载试验，系统分析了非饱和路基中初始基质吸力对石灰稳定废弃泥浆路基填料轴向累积变形和回弹模量的影响；第二部分运用非饱和大型三轴循环系统，对非饱和石灰复合土试样在相同的初始基质吸力而不同的最大历史基质吸力条件下，开展大型三轴循环加载试验，系统研究了吸力历史对石灰复合土在动力压缩阶段以及变形稳定阶段循环特性的影响。

5.2.1 含水率影响

（1）浸水条件下的无侧限抗压强度

对石灰稳定废弃泥浆进行浸水后的无侧限抗压强度试验，得到不同石灰掺量时的无侧限抗压强度如图5-25所示，并与正常状态下的无侧限抗压强度进行对比，如图5-26所示。

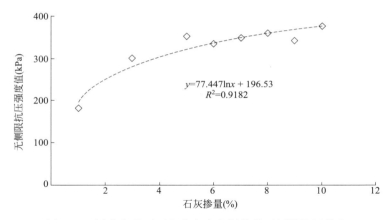

图5-25 浸水条件下石灰稳定废弃泥浆的无侧限抗压强度

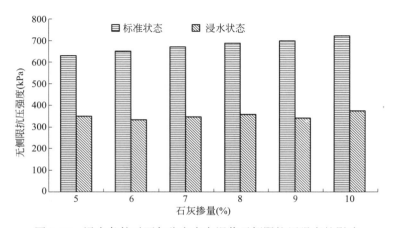

图5-26 浸水条件对石灰稳定废弃泥浆无侧限抗压强度的影响

从图 5-25 和图 5-26 可以看出，随着石灰掺量的增加，7d 无侧限抗压强度和水稳系数均表现出增大趋势，说明复合废弃泥浆土水稳定性随石灰掺量表现出不同程度的提高。但 7% 与 9% 掺灰量的改良效果基本一致，而且过多地掺加石灰对于废弃泥浆土的水稳定性效果呈下降趋势。

对石灰/机制砂石粉复合稳定废弃泥浆进行浸水后的无侧限抗压强度试验，得到不同机制砂石粉掺量时的无侧限抗压强度如图 5-27 所示，并与正常状态下的无侧限抗压强度进行对比，如图 5-28 所示。

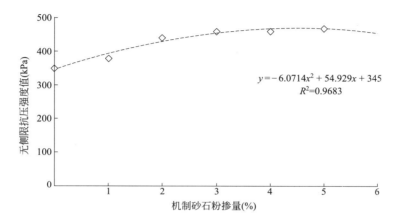

图 5-27　浸水条件下石灰/机制砂石粉复合稳定废弃泥浆的无侧限抗压强度

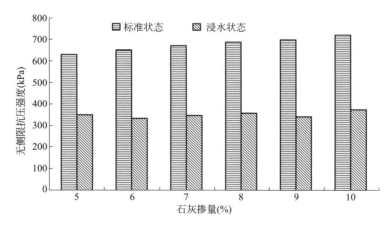

图 5-28　浸水条件对石灰/机制砂石粉复合稳定废弃泥浆无侧限抗压强度的影响

从图 5-27 和图 5-28 可以看出，石灰/机制砂石粉复合稳定废弃泥浆 7d 无侧限强度和水稳定性要优于单一石灰复合土，以 5% 石灰+（1%～5%）机制砂石粉复合为例，3%～5% 的机制砂石粉掺量对复合土无侧限强度增大无明显趋势，且水稳定系数基本趋于稳定。

依照现行规范《土壤固化外加剂》CJ/T 486—2015，稳定土的水稳系数比应满足 $\gamma \geqslant 105\%$ 的要求。石灰和石灰/机制砂石粉复合稳定废弃泥浆的水稳定系数见表 5-3。

石灰/机制砂石粉复合稳定废弃泥浆水稳定系数　　　　　表 5-3

石灰掺量(%)	机制砂石粉掺量(%)	水稳定系数
5	0	0.47
6	0	0.52
7	0	0.56
8	0	0.51
9	0	0.52
10	0	0.52
5	1	0.56
5	2	0.52
5	3	0.56
5	4	0.57
5	5	0.58

根据第 3 章分析可知，最佳含水率状态的废弃泥浆在 2 次干湿循环后试样开始崩解，其强度为 0，故在废弃泥浆土中添加少量石灰均能满足水稳系数比的要求。从表 5-3 中可以看出石灰掺量从 1% 到 5% 时，石灰改性废弃泥浆土的水稳系数比均大于 105%。而当石灰含量从 5% 到 9% 时，其水稳系数开始降低，并且添加机制砂石粉可以提高水稳定系数比。

(2) 试样基质吸力的初始化及水土特征曲线

含水率对路基材料的影响是一个循序渐进的过程，而基质吸力是导致其力学性能变化的主要因素。有必要研究石灰稳定废弃泥浆基质吸力的初始化及水土特征曲线。

对于基质吸力 $s=0$ kPa 的试样（饱和试样）采用饱和法初始化试样的基质吸力，采用装有透水石的底座，试验过程可进行排水；对于基质吸力 $s>0$ kPa 的试样（非饱和试样）采用轴平移法控制试样内的基质吸力，采用装有陶土板的底座，由于陶土板排水比较难，可基本保持含水量稳定。研究表明陶土板的充分饱和对基质吸力的精准控制至关重要。可对低进气值陶土板底座施加三级水压力进行饱和处理。在装样前，通过压力室对陶土板顶部分别施加 25kPa、50kPa 和 70kPa 的水压，每级水压保持 2h，以溶解陶土板中气泡，并打开陶土板底座阀门进行排水，然后施加下一级水压。在陶土板经过三级水压饱和后，闭合排水阀门，校对压力室围压控制系统与陶土板底座反压控制系统的读数，确保陶土板充分饱和。可统一采用干化路径施加基质吸力，以消除初始基质吸力路径对试验结果的影响。在基质吸力设定前，采用反压系统通过试样底座阀门对试样内部进行充水，试样顶盖阀门排气（水），对试样行进基本饱和，控制各试样内基质吸力的起始值接近 0kPa。通水过程持续 2h，当试样顶盖排水管道水流均匀无气泡时，可初步判断试样达到基本饱和状态。在基质吸力控制模块中，通过连接试样顶盖的气压系统控制试样内部气压，通过连接试样底座的反压系统控制试样内部水压，从而实现试样内部基质吸力初始化。通过监测反压系统单位小时的排水率以判断基质吸力的平衡情况。水气平衡的判断标准为每小时排水率小于 200mm³/h，即每小时排水体积为试样总体积的 0.0038%。当基质吸力达到初始设定值时，通过装于试样中部的基质吸力探头进行校核。由于动力试验中基质吸力在短时间内无法平衡，只需控制试样的初始基质吸力。

图 5-29 显示了不同初始基质吸力试样在达到水气平衡过程中内部含水体积的变化。可以看出，试样初期，排水率较大，并随着时间递减。试样在 5~6d 达到水气平衡，试样内部排水速率小于 200mm³/h。试样基质吸力越大，排水体积越大，排水量差值与 SWCC 曲线（干化路径）中不同基质吸力含量水差值基本吻合，表明改进后的非饱和大型三轴试验系统能通过轴平移法控制试样的基质吸力，也进一步说明试验前陶土板已充分饱和。

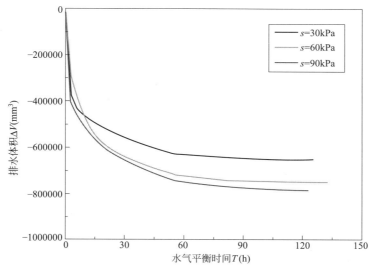

图 5-29　不同基质吸力试样内水气平衡时间

在改进后的非饱和大型三轴系统上对凝灰岩混合料试样进行持水试验，以得到凝灰岩碎石混合料的土水特征曲线。试验步骤包括施加净围压 $\sigma_{net}=40$kPa，压力达到稳定后，通过轴平移法控制试样内部的基质吸力，并通过连接试样陶土板底座的反压系统测量试样内部的排出（干化路径）水量或吸入（湿化路径）水量。当试样内部水进出速率小于 200mm³/h 时，认为试样达到水气平衡，记录下总含水率的变化，再施加下一级基质吸力。持水试验测得的凝灰岩混合料在干化路径和湿化路径下的土水特征曲线（SWCC）如图 5-30 所示。从图中可以看出，试样的干湿应力路径存在滞回现象，同一基质吸力在干化路径对应的含水率明显大于湿化路径。这是由于试样在干化路径下产生的塑性体缩大于湿化路径下产生的塑性体胀，导致整个试验过程中试样产生了压缩变形。此外，由于湿化路径中排气较难，试样内部混有一定扩散气泡。故干化路径所测结果更为准确，可采用干化路径控制试样的基质吸力。

（3）试验方案

为研究不同动应力水平下初始基质吸力对石灰稳定废弃泥浆长期动力特性的影响，在 4 个初始基质吸力（$s=0$kPa，30kPa，60kPa，90kPa）以及两个动应力水平（$\sigma_{net}=40$kPa，$q^{ampl}=60$kPa；$\sigma_{net}=40$kPa，$q^{ampl}=100$kPa）下进行大型三轴循环加载试验，其中 q^{ampl} 为循环偏应力（$q^{ampl}=\sigma_1^{max}-\sigma_1^{min}$）。在初始各向同性应力状态下施加循环偏应力，即 $\sigma_1^{min}=\sigma_{net}$。具体加载方案见表 5-4。

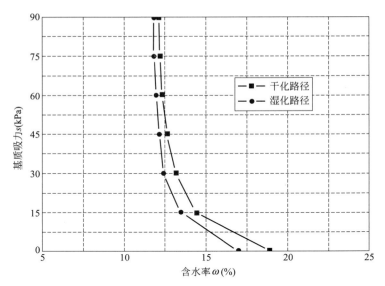

图 5-30 石灰稳定废弃泥浆土水特征曲线（SWCC）

不同初始基质吸力加载方案 表 5-4

试验组号	σ_{net}(kPa)	q^{ampl}(kPa)	s(kPa)	N
1	40	60	0	50000
2	40	60	30	50000
3	40	60	60	50000
4	40	60	90	50000
5	40	100	0	50000
6	40	100	30	50000
7	40	100	60	50000
8	40	100	90	50000

对于各组试验，均采用频率 $f=1$Hz，振次 $N=50000$ 次，并在正式运行前首先进行预压（幅值 $q^{ampl}=50$kPa，频率 $f=0.1$Hz，振次 $N=100$ 次），以消除由于石灰稳定废弃泥浆试样顶部的不平整而产生的差异变形，同时减少饱和试样（$s=0$kPa）中的初始孔压累积。为提高数据处理效率，各组循环试验每振动 10 圈记录一次，每次记录 50 个点。

对各组试样均进行了 2～3 组重复性试验。本章给出了 $\sigma_{net}=40$kPa，$q^{ampl}=60$kPa，$s=90$kPa 条件下的重复性试验结果，如图 5-31 所示。从图中可以看出，三组重复性试验的轴向应变基本重合，表明本试验中仪器误差已经基本消除，制样过程合理，试验结果准确。

（4）轴向累积变形特性分析

图 5-32 给出了饱和试样（$s=0$kPa）中超孔隙水压随循环次数的发展曲线。随着循环振次的增加，试样累积变形较少，孔隙水逐渐排出，累积孔压逐渐降低或消散。对于施加较高偏应力幅值（$q^{ampl}=100$kPa）的试样，试样累积变形较大，试验初期孔隙水压快速累积，达到峰值（约 8.5kPa），然后逐渐降低至 3～4kPa，存在一定程度的残余孔压；而

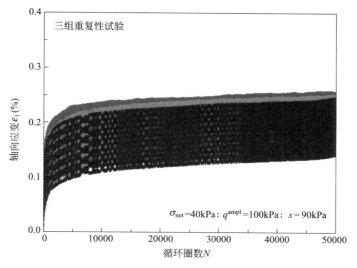

图 5-31　重复性试验结果

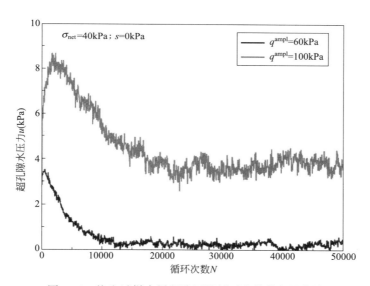

图 5-32　饱和试样中累积孔压随循环次数的发展曲线

对于施加较低偏应力幅值（$q^{ampl}=60$kPa）的试样，由于循环荷载幅值较低，试样累积变形较小，尽管试验初期试样内部有一定程度的孔压累积，但随着循环振次的增加，孔压迅速消散。

图 5-33 给出了各基质吸力试样（$s=0$kPa，30kPa，60kPa，90kPa）在循环偏应力幅值 $q^{ampl}=60$kPa 和 $q^{ampl}=100$kPa 时，轴向累积变形随循环次数的发展曲线。从图中可以看到，对于两组循环偏应力幅值试验，在加载初期轴向累积变形迅速发展，随着振动次数的增加，轴向应变率逐渐降低，以较小速率发展或保持稳定。轴向累积变形随初始基质吸力的增加而逐渐降低，其主要原因为初始基质吸力的增加将增大试样内颗粒间的咬合力，并增大试样的有效应力。基质吸力对累积轴向变形的影响程度也随初始基质吸力的增加而

逐渐减弱。此外，对比图5-33（a）和（b）还可以得出，循环偏应力幅值越大，相同基质吸力试样的累积轴向变形差值越大，较大循环偏应力幅值下基质吸力对石灰稳定废弃泥浆试样变形特性影响更为显著。

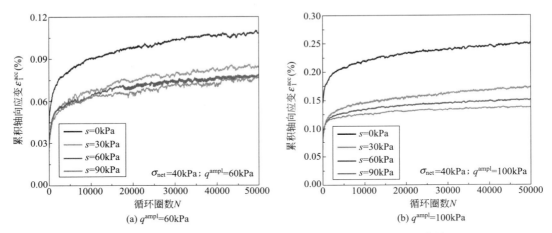

图5-33 不同循环偏应力下累积轴向变形随循环次数的发展曲线

图5-34（a）和（b）分别给出了两种循环偏应力幅值下试样轴向累积变形随基质吸力以及随含水率的发展规律。可以看出，试样累积轴向变形随基质吸力的增加而降低，随含水率的增加而增大，更加直观显示了从图5-34中所得结论。此外，还可以得出，试样累积轴向变形与基质吸力非线性相关，而其与含水率线性相关。

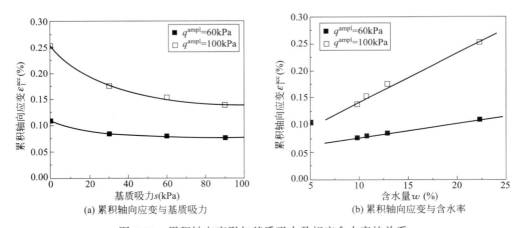

图5-34 累积轴向变形与基质吸力及相应含水率的关系

（5）回弹特性分析

图5-35和图5-36分别给出了两种循环偏应力幅值 $q^{ampl}=60kPa$ 和 $q^{ampl}=100kPa$ 下各初始基质吸力试样在振动次数 $N=100$ 时和 $N=50000$ 时的应力应变滞回曲线。从图中可以看出，初始基质吸力 $s=30kPa$、$60kPa$ 和 $90kPa$ 试样的滞回圈倾斜度十分接近，而初始基质吸力 $s=0kPa$ 试样的滞回圈倾斜度较小，表明基质吸力 $s=0kPa$ 试样的回弹模量明显小于其他基质吸力试样。同时还可以看到，初始基质吸力 $s=0kPa$ 试样滞回圈面积明显大于其他3个基质吸力滞回圈面积，表明试样内部基质吸力越小，振动过程中能量

消耗越大。此外，对比图 5-35(a)(b) 以及图 5-36(a) 和 (b)，可以发现 $N=50000$ 时各基质吸力试样的滞回圈面积明显小于 $N=100$ 的情况，表明随着振动次数的增加，试样能量耗散减小。

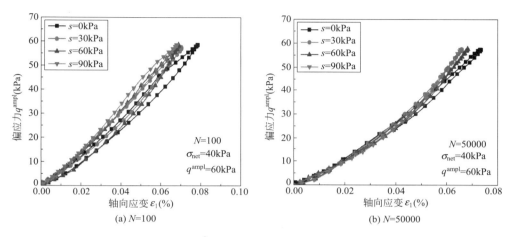

图 5-35　$q^{ampl}=60$kPa 时的应力-应变滞回曲线

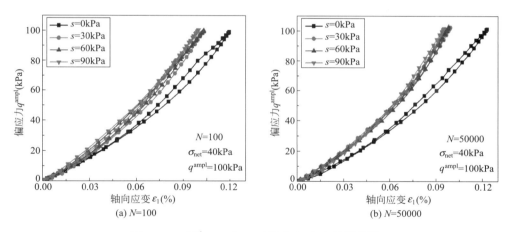

图 5-36　$q^{ampl}=100$kPa 时的应力-应变滞回曲线

图 5-36 给出了 $N=50000$ 时两种循环偏应力幅值 $q^{ampl}=60$kPa 和 $q^{ampl}=100$kPa 下回弹模量随基质吸力的变化曲线。从图中可以看到，随着初始基质吸力的增大，回弹模量呈增大的趋势。基质吸力位于 $s=0$kPa 和 $s=30$kPa 之间时，回弹模量随基质吸力增大而快速增大；而基质吸力位于 $s=30$kPa 和 $s=90$kPa 之间时，各基质吸力下回弹模量较为接近，基质吸力对回弹模量的影响较小。这是由于当试样饱和（$s=0$kPa）或接近饱和（0kPa$<s<30$kPa）时，在试验振动过程中试样内部存在孔压累积（图 5-37）或局部超孔压，导致试样内部有效应力降低，回弹模量减少明显。而当基质吸力 s 较大时，试样含水率较少，不易形成超孔压，随基质吸力增加，回弹模量增大程度较小。还可以发现，在较大循环偏应力作用下，基质吸力对回弹模量的影响较大。

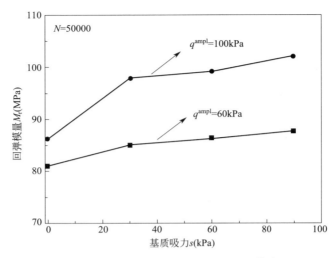

图 5-37 回弹模量随基质吸力的发展曲线

5.2.2 时间效应

由于路基材料受到车辆荷载长期反复作用，在石灰稳定废弃泥浆内部基质吸力历史对其长期动力特性具有一定的影响，本节主要分析基质吸力历史对石灰稳定废弃泥浆长期动力性能的影响规律。

（1）试验方案

为研究基质吸力历史对石灰稳定废弃泥浆长期动力特性的影响，在两个动应力水平（$\sigma_{net}=40\text{kPa}$，$q^{ampl}=60\text{kPa}$；$\sigma_{net}=40\text{kPa}$，$q^{ampl}=100\text{kPa}$）下进行大型三轴循环加载试验，并在动力加载前利用轴平移技术对试样施加不同的基质吸力历史。具体加载方案见表 5-5 所示。

试验加载方案　　　　　　　　　表 5-5

试验组号	q^{ampl}(kPa)	s_{ini}(kPa)	s_{max}(kPa)
1		30	30
2		30	60
3	60	30	90
4		60	60
5		60	90
6		30	30
7		30	60
8	100	30	90
9		60	60
10		60	90

表中对于编号为 1，2，3 组的试样，在施加动荷载前具有相同的初始基质吸力 s_{ini}，但分别经历了不同的历史最大基质吸力。对于组 1 试样，历史最大基质吸力等于初始基质

吸力，即没有基质吸力历史。对于组 2 和组 3 试样，历史最大基质吸力分别为 $s_{max}=60kPa$ 和 $s_{max}=90kPa$，其在基质吸力初始化过程中，首先逐渐增加基质吸力至最大值 s_{max}，平衡后逐渐减小基质吸力至初始值 s_{ini}，再次平衡后开始动力加载。具体基质吸力加载路径如图 5-38 所示。编号 1，2，3 组试样具有了相同的初始基质吸力而不同的最大历史基质吸力。1，2，3 组试样试验结果的差异可反映出基质吸力历史对石灰复合土动力特性的影响。同理，4，5 组试样也具有了相同的初始基质吸力和不同的最大历史基质吸力。在两个动应力水平（$\sigma_{net}=40kPa$，$q^{ampl}=60kPa$；$\sigma_{net}=40kPa$，$q^{ampl}=100kPa$）下进行类似试验，可进一步证明基质吸力历史对石灰复合土长期动力特性的影响，以及其影响程度与动应力水平的关系。

设定振动频率 $f=1Hz$，振次 $N=50000$ 次，通过压缩波形施加动荷载。在试验过程中，通过反压控制系统和气压控制系统保持试样内恒定的初始设定孔隙水压和孔隙气压。

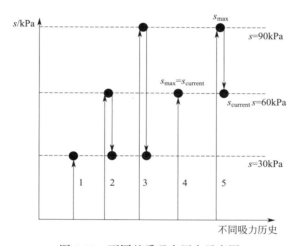

图 5-38 不同基质吸力历史示意图

（2）轴向累积变形分析

图 5-39 和图 5-40 分别给出了不同基质吸力历史试样在两个动应力水平（$q^{ampl}=60kPa$，$q^{ampl}=100kPa$）下轴向累积变形随循环次数的发展曲线。从图中可以看到，在试验初期试样的轴向累积变形快速发展，随着试验的进行，轴向累积变形速率迅速降低至较小的恒定值，轴向累积变形缓慢稳定发展。不同基质吸力历史下试样的轴向累积变形存在明显的差异。对于相同初始基质吸力试样，在动荷载施加前经历的历史基质吸力越大，在相同动应力作用下产生的轴向累积变形越小。$s_{max}=60kPa$ 和 $s_{max}=90kPa$ 的试样相比于 $s_{max}=30kPa$ 的试样，在 $q^{ampl}=60kPa$ 作用时轴向累积变形分别下降 10% 和 21%，而在 $q^{ampl}=100kPa$ 作用时，其轴向累积变形分别下降 13% 和 25%。

根据安定理论，石灰稳定废弃泥浆轴向累积变形的发展可分为两个阶段，即试样初期的动力压实阶段和试验中后期的稳定变形阶段。在稳定变形阶段，试样的变形速率几乎为定值。而两个变形阶段的分界点所对应的循环振动次数不统一，与材料的应力状态以及物理状态相关。试样在承受振动次数 $N>10000$ 次时均进入了稳定变形阶段。从图中可以看出，不同基质吸力历史下试样的累积变形在动力压实阶段差异较大，而在稳定变形阶段，轴向累积变形的发展近乎平行，变形速率十分接近，表明基质吸力历史的影响主要体现在试样初期的动力压实阶段，而对稳定阶段的变形影响较小。这是因为在施加最大历史吸力 $s_{\max}$ 过程中试样将经历干化路径而产生体缩变形，然后从最大历史吸力 $s_{\max}$ 减小至初始吸力 s_{ini} 过程中试样又经历湿化路径而产生体胀变形。在干湿循环过程中，试样在干化路径下的体缩变形大于湿化路径下的体胀变形，试样整体表现体缩变形，孔隙比减少，密实度增加，故在循环荷载作用下产生的变形小于无基质吸力历史的试样。

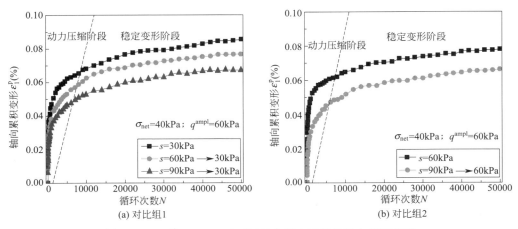

图 5-39 $q^{\mathrm{ampl}}=60\mathrm{kPa}$ 下不同吸力历史试样的轴向累积变形

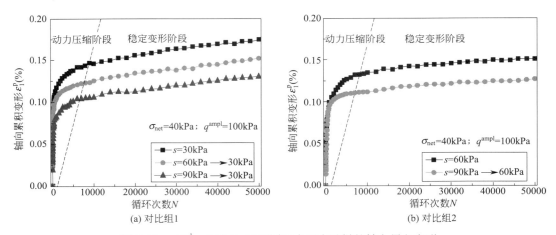

图 5-40 $q^{\mathrm{ampl}}=100\mathrm{kPa}$ 下不同吸力历史试样的轴向累积变形

图 5-41 给出了两个动应力水平（$q^{\mathrm{ampl}}=60\mathrm{kPa}$，$q^{\mathrm{ampl}}=100\mathrm{kPa}$）下不同基质吸力历史试样的最终轴向累积变形。从图中可以明显看出，增大试样的最大历史基质吸力能减小试样的轴向累积变形。此外还可以看出，基质吸力历史在 $q^{\mathrm{ampl}}=100\mathrm{kPa}$ 时影响明显大于 $q^{\mathrm{ampl}}=60\mathrm{kPa}$ 时，即在较高的动应力幅值下基质吸力历史对石灰稳定废弃泥浆长期动力特性的影响更为显著。

为进一步研究基质吸力历史对处于稳定变形阶段试样的轴向累积变形的影响，

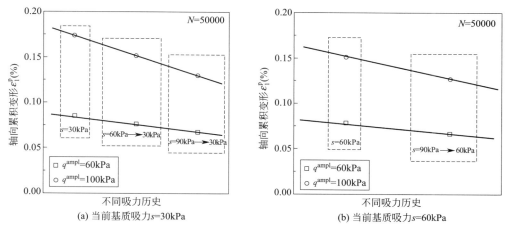

图 5-41 不同基质吸力历史下试样最终轴向累积变形

图 5-42 给出了两个动应力水平（$q^{ampl}=60$kPa，$q^{ampl}=100$kPa）下不同基质吸力历史试样在稳定变形阶段的轴向累积变形增量（$\Delta\varepsilon_1^p$），其中 $\Delta\varepsilon_1^p=\varepsilon_{50000}^p-\varepsilon_{10000}^p$，表示发生在 $N=10000$ 和 $N=50000$ 之间的轴向累积变形。可以看到，在相同动应力水平下，各基质吸力历史试样在稳定变形阶段的 $\Delta\varepsilon_1^p$ 几乎保持恒定，即以相同的累积应变速率发展，表明基质吸力历史对处于稳定变形阶段的石灰复合土变形特性的影响可忽略不计。此外，试样的动应力水平越高，稳定变形阶段的轴向累积变形越大。

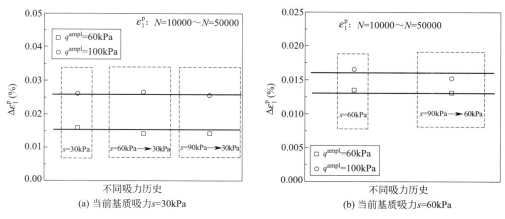

图 5-42 不同基质吸力历史试样在稳定变形阶段的轴向累积变形

（3）回弹模量分析

图 5-43 给出了不同基质吸力历史试样在两个动应力水平（$q^{ampl}=60$kPa；$q^{ampl}=100$kPa）下的回弹模量。选取处于稳定状态试样的回弹模量进行分析，在道路工程中具有实际意义。从图中可以看出，与轴向累积变形类似，在相同动应力水平下不同吸力历史试样在稳定变形阶段的回弹模量几乎保持恒定，进一步证实了基质吸力历史对处于稳定变形阶段的石灰复合土变形特性的影响可忽略不计。动应力水平越高，试样在稳定变形阶段的回弹模量越大。

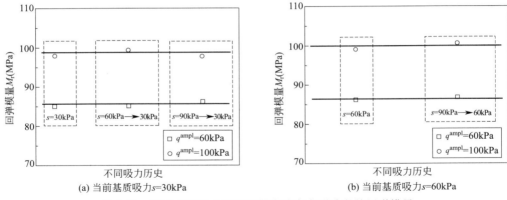

图 5-43 不同基质吸力历史试样在稳定变形阶段的回弹模量

(4) 试验结果分析

基质吸力历史对非饱和土体力学特性的影响与土体材料在干湿循环过程中的体胀体缩行为有关。部分土体在干湿循环过程中表现为体缩行为，如图 5-44(a) 所示，而部分土体在干湿循环过程中表现为体胀行为，如图 5-44(b) 所示，而土体材料的体缩或体胀特性取决于土体的类别、物理状态和应力状态。因此在研究基质吸力历史对石灰稳定废弃泥浆工程特性的影响之前，有必要弄清土体在干湿循环过程中的体缩或体胀特性。

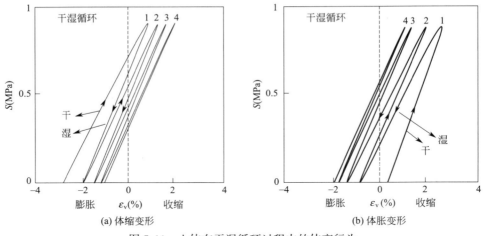

图 5-44 土体在干湿循环过程中的体变行为

(5) 雨水浸泡对石灰稳定废弃泥浆轴向累积变形及轴向回弹特性的影响

图 5-45 给出了围压分别为 20kPa、40kPa、60kPa，循环应力比为 1 时，雨水浸泡试样与直接取样的轴向应变与循环次数的发展曲线。从图中可以看出，雨水浸泡 24h 后，石灰稳定废弃泥浆试样的轴向总变形及轴向累积变形都有明显的增大，尤以 20kPa 及 40kPa 围压时更为明显。同时不论雨水浸泡与否，轴向可恢复变形随着围压的增加而逐渐增大，但雨水浸泡 24h 后试样的轴向总应变随着围压呈现出先上升后下降的趋势，即在 40kPa 时为最大值，20kPa 时次之，60kPa 为最小值，而雨水浸泡 24h 后试样的轴向累积应变在围压为 20kPa 与 40kPa 时差别不大，而在 60kPa 围压时，轴向累积应变有显著的下降。而在未经雨水浸泡的试样，其轴向总应变随着围压的增大而增大，轴向累积变形随着围压

的增大而变化不大。因此，雨水浸泡对于石灰稳定废弃泥浆的力学特性有着显著的影响。

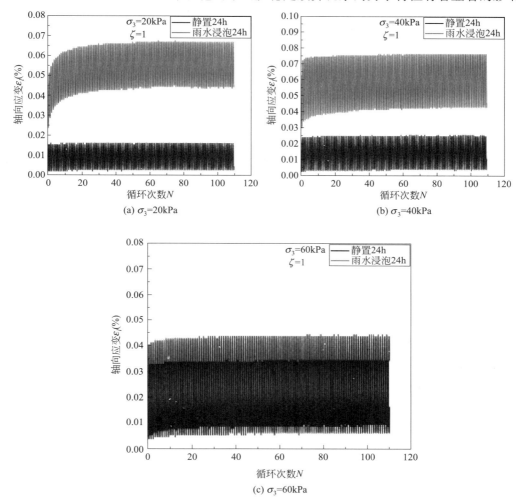

图 5-45　不同围压下轴向应变-循环次数曲线

图 5-46 为雨水浸泡与否条件下，在不同围压 20kPa、40kPa、60kPa 下的回弹模量随着循环次数的发展曲线。从图中可见，在三种围压下，由于雨水浸泡，石灰稳定废弃泥浆试样的回弹模量有了明显下降，显然雨水浸泡 24h 会使得石灰稳定废弃泥浆试样刚度下降，更易发生变形。但随着循环应力比的增大，雨水浸泡的试样回弹模量较于天然试样有着更大的上升程度，二者之间的回弹模量差值随着循环应力比的增大而逐渐减小，尤以 40kPa 围压时最为明显。

图 5-47 为循环应力为 1，围压分别为 20kPa、40kPa、60kPa 时最后 10 圈的应力应变滞回曲线，图 5-47(a)～(c) 分别对应围压为 20kPa、40kPa、60kPa 的滞回圈。从图 5-47(a) 中 20 个滞回圈可以看出，雨水浸泡 24h 使得滞回曲线越平缓，表明试样回弹模量越小；且天然条件下石灰稳定废弃泥浆试样滞回圈越接近线形，表明填料阻尼比较小，能量耗散越少。对比观察图 5-47(a)～(c) 可知，随着围压增大，滞回圈倾斜度增加，回弹模量增大；滞回圈面积则随循环次数发展逐渐减小，表明石灰稳定废弃泥浆体阻尼比随围压的增大而减小。

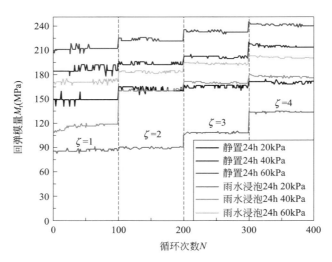

图 5-46 不同围压下回弹模量-循环次数曲线

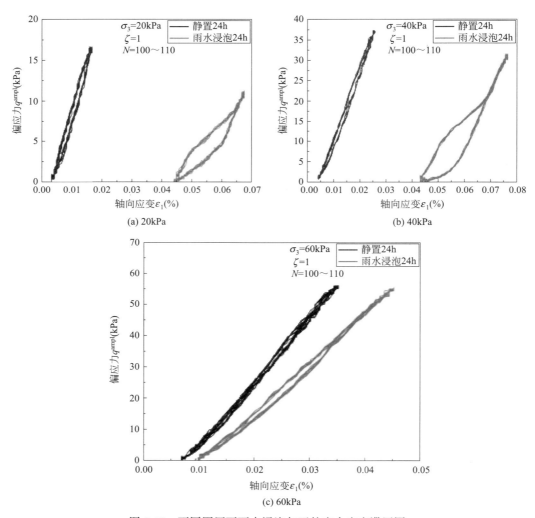

(a) 20kPa

(b) 40kPa

(c) 60kPa

图 5-47 不同围压下雨水浸泡与否的应力应变滞回圈

5.2.3 累积变形

循环荷载作用下石灰稳定废弃泥浆变形理论的研究具有十分重要的意义，地震区建筑物、高速公路、高速铁路、飞机场及近海建筑等设计时，由循环荷载引起的累积变形是一个十分重要的参数。大次数交通循环荷载下道路的长期沉降预测一直是研究的热点及难点，进行道路工程设计时，若能准确预测交通荷载作用下道路的沉降，便可提出更为合理的结构设计方案，以便更好地控制道路沉降及不均匀沉降，减少不必要的经济损失。

目前土体长期沉降预测方法主要有经验模型、弹塑性本构模型和大步长积分计算累积变形的循环显示模型。经验模型的优势在于直接计算沉降值，模型表达式简单且计算工作量小，便于直接用于工程计算，但因其参数选取具有区域依赖性，且无法真实反映土体应力-应变关系的本质，其计算结果往往存在较大的误差。弹塑性本构模型能真实地反映土体的应力-应变关系，在有限循环次数内计算结果可靠。但该模型需要对每一个循环分步计算后进行累加，大次数交通荷载下计算量惊人，且每一步的计算误差累积使得计算结果在大次数循环荷载下变得不可信。基于上述难题，相关学者基于经典塑性增量理论，提出了采用大步长积分的循环显示模型，该模型采用长时间尺度计算一定循环圈数内路基填料累积变形，这种计算方法大大提高了数值计算效率，减少累积误差，具有较大的工程价值及应用前景。

研究人员通过试验研究发现，应变累积速率与大量的影响因素有关，且这些影响因素之间相互独立，累积应变速率的表达式如下：

$$\dot{\varepsilon}^{acc} = m f_{ampl} \dot{f}_N f_e f_P f_Y f_\pi \tag{5-4}$$

$$\dot{\varepsilon}^{acc} = f_{ampl} \dot{f}_N f_e f_P f_Y f_\pi \tag{5-5}$$

式(5-4)中：f_{ampl}，$\dot{f}_N$，f_e，f_P，f_Y，f_π 代表了六个影响因素，分别表示应变幅值，循环加载次数，孔隙比，平均压应力，平均应力比以及应变极化对应变累积速率的影响，m 代表应变累积方向。以下针对应变累积速率大小 $\dot{\varepsilon}^{acc}$ 中各个影响因素的表达式做相应介绍。因应变累积速率只与循环次数有关，在循环次数 N 固定的情况下，各因素对累积应变速率大小的影响与对累积应变大小的影响是等效的，因此在固定循环次数下可分析积分后的表达式为式(5-5)。

(1) 影响参数分析

1) 应变幅值 ε^{ampl} 影响

应变累积速率大小受应变幅值 ε^{ampl} 影响显著。Niemunis(2005)控制平均有效围压 $p^{av}=200kPa$，平均应力比 $\eta^{av}=0.75$，对不同孔隙比 e 下的砂土试样开展循环三轴试验，给出了多个循环次数下累积应变 $\varepsilon^{acc}/\bar{f}_e$（针对孔隙比进行归一化）与 $(\bar{\varepsilon}^{ampl})^2$ 的关系图，发现 $\varepsilon^{acc}/\bar{f}_e$ 与 $(\bar{\varepsilon}^{ampl})^2$ 呈正比，另发现上述正比例关系仅在 $\varepsilon^{ampl} \leqslant 10^{-3}$ 的情况下成立，若 $\varepsilon^{ampl} > 10^{-3}$ 应变累积速率保持不变。因此，砂土应变幅值 ε^{ampl} 影响因素 f_{ampl} 的表达式如下：

$$f_{ampl} = \begin{cases} \left(\dfrac{\varepsilon^{ampl}}{\varepsilon^{ampl}_{ref}}\right)^2 & for \quad \varepsilon^{ampl} \leqslant 10^{-3}, \\ 100 & others, \end{cases} \tag{5-6}$$

$$\bar{U}^{ampl} = 1/N \int U^{ampl}(N) dN \tag{5-7}$$

式(5-6)中,参考应变幅值 $\varepsilon_{\text{ref}}^{\text{ampl}} = 10^{-4}$,上式仅在 $10^{-5} < \varepsilon^{\text{ampl}} < 10^{-3}$ 的条件下成立。$\bar{f}_e$ 和 $\bar{\varepsilon}^{\text{ampl}}$ 的上划线代表了 N 次循环内孔隙比及应变幅值的平均值,如式(5-7)所示。

砂土应变幅值影响因素 f_{ampl} 的表达式同样适用于细颗粒土,修正 f_{ampl} 表达式如下:

$$f_{\text{ampl}} = (\varepsilon^{\text{ampl}}/\varepsilon_{\text{ref}}^{\text{ampl}})^{C_{\text{ampl}}} \tag{5-8}$$

式(5-8)中,C_{ampl} 为材料参数。通过绘制多个循环次数下 $\varepsilon^{\text{acc}}/\bar{f}_e$ 与 $\bar{\varepsilon}^{\text{ampl}}$ 之间的关系图可知,砂土的材料参数 C_{ampl} 值接近 2.0,细颗粒土的材料参数 C_{ampl} 值仅为 1.1。

另外,由多个循环次数下偏应变 $\dot{\varepsilon}_q$ 与体应变 $\dot{\varepsilon}_v$ 间的关系曲线可知,黏粒土的应变累积速率方向几乎不受应变幅值 $\varepsilon^{\text{ampl}}$ 的影响。

2) 孔隙比 e 影响

孔隙比对材料的压实性具有重要影响,孔隙比较大的松砂更易被压实,累积应变速率随密实度减小而增大。通过开展 p^{av},η^{av} 及 q^{ampl} 相同孔隙比 e 不同的多组砂土循环三轴试验可知,e 增大使得砂土试样 $\varepsilon^{\text{ampl}}$ 轻微增加,Niemunis 给出多个循环次数下 $\varepsilon^{\text{acc}}/\bar{f}_{\text{ampl}}$ 与 $\bar{e}$ 的关系图,消除了 e 改变引起的 $\varepsilon^{\text{ampl}}$ 变化对累积应变速率大小产生的影响,获得孔隙比影响因素 f_e 的表达式:

$$f_e = \frac{(C_e - e)^2}{1 + e} \frac{1 + e_{\text{ref}}}{(C_e - e_{\text{ref}})^2} \tag{5-9}$$

式中取 $e_{\text{ref}} = 0.874$,得砂土试样材料参数 $C_e = 0.54$。

通过对多个孔隙比 e(换算后可知 $0.7 \leqslant I_{\text{D0}} \leqslant 1.09$)的粗粒土试样开展循环三轴试验研究,认为粗粒土的 f_e 表达式同砂土,并标定粗粒土材料参数 $C_e = 0.07$。另外发现,随着 e 的增大,粗粒土偏应变 $\dot{\varepsilon}_q$ 的发展大于体应变 $\dot{\varepsilon}_v$,但现有的细粒土 HCA 模型未修正孔隙比对应变累积方向影响。

3) 平均有效压力 p^{av} 及平均应力比 η^{av} 影响

选取循环应力比 $\eta^{\text{av}} = 0.75$,$50\text{kPa} \leqslant p^{\text{av}} \leqslant 300\text{kPa}$ 及平均有效压力 $p^{\text{av}} = 200\text{kPa}$,$0 < \eta^{\text{av}} < 1.2$ 这两组试验条件,分别分析 p^{av} 和 η^{av} 对累积应变速率大小的影响。上文中已将累积应变对 $\bar{f}_{\text{ampl}}$ 及 $\bar{f}_e$ 这两个因素进行归一化,得到不受 $\bar{f}_{\text{ampl}}$ 及 $\bar{f}_e$ 影响的归一化累积应变 $\varepsilon^{\text{acc}}/\bar{f}_{\text{ampl}}\bar{f}_e$。通过多个循环次数下 $\varepsilon^{\text{acc}}/\bar{f}_{\text{ampl}}\bar{f}_e$ 与 p^{av} 及 η^{av} 的关系曲线可知,$\varepsilon^{\text{acc}}/\bar{f}_{\text{ampl}}\bar{f}_e$ 随着 p^{av} 增大而减小,随 η^{av} 增大而增大,分析上述关系曲线可得:

$$f_P = \exp\left[-C_P\left(\frac{p^{\text{av}}}{p_{\text{atm}}} - 1\right)\right] \tag{5-10}$$

$$f_Y = \exp(C_Y \bar{Y}^{\text{av}}) \tag{5-11}$$

式(5-10)中,$p_{\text{atm}} = 100\text{kPa}$,得材料参数 $C_P \approx 0.43$,$C_Y \approx 2$。

粗粒土的累积应变则随 p^{av} 增大而增大,这与砂土试验规律相反,相应地,不同加载次数下 $\varepsilon^{\text{acc}}/\bar{f}_{\text{ampl}}\bar{f}_e$ 与 p^{av} 之间的关系曲线也表现出相反趋势。通过拟合 $\varepsilon^{\text{acc}}/\bar{f}_{\text{ampl}}\bar{f}_e$ 与 p^{av} 之间的关系曲线得 $C_P = -0.22$。粗颗粒土平均应力比影响因素 f_Y 表达式同砂土,修正材料参数 $C_Y = 1.8$,修正方法同上在此不做赘述。另外,细粒土的应变累积速率方向几乎不受平均有效压力 p^{av} 及平均应力比 η^{av} 的影响。

第 5 章 石灰稳定废弃泥浆工程性能

4) 应变极化影响

加载平面转动对累积应变速率大小产生改变，定义该影响因素为应变极化 f_π，其经验公式如下：

$$f_\pi = 1 + C_{\pi 1}(1 - \cos\alpha) \tag{5-12}$$

式中：α 为加载平面旋转角，$C_{\pi 1}$ 为材料参数。

三轴试验的整个加载过程中，加载平面不变，应变极化为常量，因此取 $f_\pi \approx 1$。若存在加载面旋转应变极化改变。

5) 循环加载次数 N 影响

循环加载次数 N 对应变累积速率大小产生影响，定义该影响因素为 f_N。将累积应变除以 $\bar{f}_{\text{ampl}}$，$\bar{f}_e$，f_P，f_Y 和 f_π 这五个因素进行归一化处理，取 $f_\pi = 1$，绘制 $\varepsilon^{\text{acc}} / \bar{f}_{\text{ampl}} \bar{f}_e f_P f_Y f_\pi$ 随加载次数 N 的变化曲线。结果显示，当 $N < 10000$ 时，曲线呈对数增长。$N > 10000$ 时，曲线表现为超对数增长，通过拟合 $\varepsilon^{\text{acc}} / \bar{f}_{\text{ampl}} \bar{f}_e f_P f_Y f_\pi$ 与 N 的关系曲线得 f_N 的经验方程如下：

$$f_N = C_{N1}[\ln(1 + C_{N2}N) + C_{N3}N] \tag{5-13}$$

式 (5-13) 中：C_{N1}，C_{N2}，C_{N3} 为三个材料参数。

砂土的 f_N 经验公式同样适用于粗粒土，砂土试样的三个材料参数分别为 $C_{N1} = 3.6 \times 10^{-4}$，$C_{N2} = 0.43$，$C_{N3} = 5 \times 10^{-5}$，细粒土试样的材料参数应分别修正为 $C_{N1} = 5.2 \times 10^{-4}$，$C_{N2} = 0.03$，$C_{N3} = 1.3 \times 10^{-5}$。

现针对上述五个影响因素进行汇总，其影响因素经验模型及各个材料参数选取见表 5-6：

HCA 模型各影响因素经验公式及材料参数表 表 5-6

影响因素	经验公式	材料参数	细颗粒土	砂土
应变幅值 $\varepsilon^{\text{ampl}}$	$f_{\text{ampl}} = (\varepsilon^{\text{ampl}} / \varepsilon_{\text{ref}}^{\text{ampl}})^{C_{\text{ampl}}}$	C_{ampl}	1.1	2.0
孔隙比 e	$f_e = \dfrac{(C_e - e)^2}{1 + e} \dfrac{1 + e_{\text{ref}}}{(C_e - e_{\text{ref}})^2}$	C_e	0.07	0.54
		C_e	0.444	0.874
平均应力比 f_Y	$f_Y = \exp(C_Y \bar{Y}^{\text{av}})$	C_Y	1.8	2.0
平均有效压力 f_P	$f_P = \exp\left[-C_P\left(\dfrac{p^{\text{av}}}{p_{\text{atm}}} - 1\right)\right]$	C_P	-0.22	0.43
应变极化 f_π（加载方向不变）	$f_\pi = 1 + C_{\pi 1}(1 - \cos\alpha) = 1$	$C_{\pi 1}$	—	—
循环加载次数 f_N	$f_N = C_{N1}[\ln(1 + C_{N2}N) + C_{N3}N]$	C_{N1}	5.2×10^{-4}	3.6×10^{-4}
		C_{N2}	0.03	0.43
		C_{N3}	1.3×10^{-5}	5×10^{-5}

注：$p_{\text{ref}} = 100\text{kPa}$，$\varepsilon_{\text{ref}}^{\text{ampl}} = 10^{-4}$，$e_{\text{ref}} = e_{\text{max}}$。

应变累积速率大小的表达式如式 (5-14) 所示。本章在原有的 HCA 模型中引入荷载频率影响因素 f_f，分析 f 对石灰稳定废弃泥浆轴向累积应变的影响，基于循环三轴试验提出考虑频率影响的 HCA 改进模型，其表达式如下：

$$\dot{\varepsilon}^{acc} = f_{ampl}\dot{f}_N f_e f_P f_Y f_\pi f_f \tag{5-14}$$

$$f_f = C_{f1}(f/f_{ref})^{C_{f2}} \tag{5-15}$$

上式中，f 为循环荷载频率，f_{ref} 为参考频率，取 $f_{ref}=1Hz$，C_{f1} 及 C_{f2} 均为材料参数。

在此仅分析轴向累积变形，将式（5-14）仅在轴向积分得石灰稳定废弃泥浆轴向累积变形表达式：

$$\varepsilon_1^{acc} = \int \dot{\varepsilon}_1^{acc} dN = f_{1ampl} f_e f_P f_Y f_\pi f_f \int \dot{f}_N dN \tag{5-16}$$

式（5-16）中，下标 U_1 表示轴向，ε_1^{acc} 即为轴向累积变形，f_{1ampl} 表示轴向应变幅值对轴向累积变形速率大小的影响。

模型改进参考及验证试验组 表 5-7

试验组号	σ_3(kPa)	q^{ampl}(kPa)	ζ	f(Hz)
B_1-B_4	20	60	3	0.2,0.5,1,3
C_1-C_4	20	100	5	0.2,0.5,1,3
D_1-D_4	40	120	3	0.2,0.5,1,3
E_1-E_4	60	180	3	0.2,0.5,1,3
Y_{a1}-Y_{a2}	20	60	3	0.1,2
Y_{b1}-Y_{b2}	20	100	5	0.1,2
Y_c	40	120	3	2
Y_d	60	180	3	2

（2）针对平均应变幅值 $\bar{f}_{1ampl}$ 归一化

首先结合试验 B_1-C_1，B_2-C_2，B_3-C_3 和 B_4-C_4 分析应变幅值 ε^{ampl} 对应变累积速率的影响，确定其中的材料参数 C_{1ampl}。同一荷载频率作用下，$\dot{f}_N$、f_e、f_P、f_Y、f_π 及 f_f 是相同的，仅 f_{1ampl} 变量不同。此处设置参考应变 ε_{ref1}^{acc}，其表达式如下，参考应变 ε_{ref1}^{acc} 仅是关于循环次数 N 的函数：

$$\varepsilon_{ref1}^{acc} = f_e f_P f_Y f_\pi f_f \int \dot{f}_N dN \tag{5-17}$$

$$\varepsilon_1^{acc} = f_{1ampl} \varepsilon_{ref1}^{acc} \tag{5-18}$$

根据表 5-6 可知，$f_{1ampl}=(\varepsilon_1^{ampl}/\varepsilon_{ref}^{ampl})^{C_{1ampl}}$，将其代入式（5-18）中可得：

$$\varepsilon_1^{acc}/\varepsilon_{ref1}^{acc} = (\bar{\varepsilon}_1^{ampl}/\varepsilon_{ref}^{ampl})^{C_{ampl}} \tag{5-19}$$

将式（5-19）中，$\varepsilon_{ref}^{ampl}=10^{-4}$。$\bar{\varepsilon}_1^{ampl}$ 表示在一个循环内的平均回弹应变。将式（5-19）两边取对数得：

$$\ln(\varepsilon_1^{acc}/\varepsilon_{ref1}^{acc}) = C_{ampl}\ln(\bar{\varepsilon}_1^{ampl}/\varepsilon_{ref}^{ampl}) \tag{5-20}$$

选取循环次数 $N=1000$，5000，10000 进行分析，固定的循环次数下参考应变 ε_{ref1}^{acc} 为常量，图 5-48 在 4 个荷载频率下分别给出了 3 个固定循环次数下，$\zeta=3$，5 时式（5-20）对应的点，两点间的斜率即为参数 C_{1ampl}，取各线段斜率平均值可得 $C_{1ampl}=$

1.19。图 5-48 中各点的横坐标与土样的回弹应变有关,可见,对于同一循环荷载幅值,较高荷载频率作用下土体的回弹模量较大,相应的回弹应变较小,反映在图中表现为由图 5-48(a)～(d)中的对应各点横坐标不断左移。

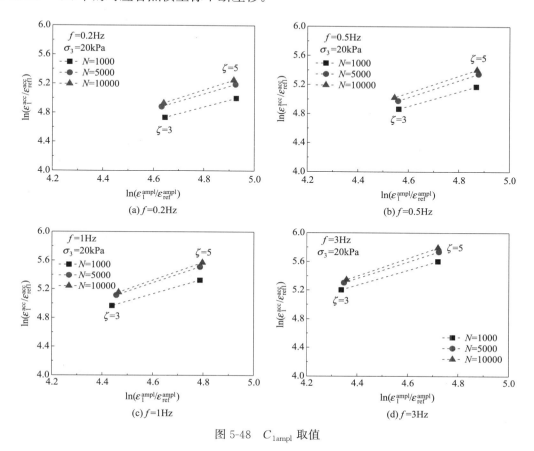

图 5-48　$C_{1\text{ampl}}$ 取值

不同荷载频率下,归一化后的轴向累积应变 $\varepsilon_1^{\text{ampl}}/\bar{f}_{1\text{ampl}}$ 随循环次数 N 的发展曲线如图 5-49 所示。由图可知,同一荷载频率下的各条曲线具有较高的重合度,表明应变幅值影响因素 $f_{1\text{ampl}}$ 表达式及参数 $C_{1\text{ampl}}$ 选取合理。另外,可看到不同荷载频率对应的发展曲线的离散性较大,说明荷载频率对轴向累积应变具有一定的影响。

(3) 针对平均有效压力 f_P 归一化

为分析 P^{av} 对累积变形速率的影响,确定平均有效压力影响因素 f_P 中的材料参数 C_P,选取试验 $(BDE)_1$、$(BDE)_2$、$(BDE)_3$、$(BDE)_4$,各组试验中 f_e、f_Y、f_f 及 f_π 相同,仅 f_P 和 $f_{1\text{ampl}}$ 不同。此处设置参考应变 $\varepsilon_{\text{ref2}}^{\text{acc}}$。表达式如下:

$$\varepsilon_{\text{ref2}}^{\text{acc}} = f_e f_Y f_\pi f_f \int \dot{f}_N \text{d}N \tag{5-21}$$

上述试验中,函数 f_e、f_Y、f_f 及 f_π 相同,仅 f_P 和 $f_{1\text{ampl}}$ 不同。$\varepsilon_{\text{ref2}}^{\text{acc}}$ 仅关于循环荷载次数变化,得:

$$\varepsilon_1^{\text{acc}}/f_{1\text{ampl}} = \varepsilon_{\text{ref2}}^{\text{acc}} f_P \tag{5-22}$$

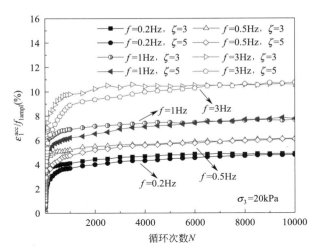

图 5-49 $\varepsilon_1^{ampl}/\overline{f}_{1ampl}$ 随循环次数 N 发展曲线

$$f_P = \exp[-C_P(p^{av}/p_{ref}-1)] \tag{5-23}$$

将式（5-23）代入式（5-22）中：

$$\varepsilon_1^{acc}/\overline{f}_{1ampl} = \varepsilon_{ref2}^{acc}\exp[-C_P(p^{av}/p_{ref}-1)] \tag{5-24}$$

式（5-23）中，$p^{av}=(\sigma_1+\sigma_2+\sigma_3)/3$，$\sigma_3=20kPa$，$40kPa$，$60kPa$ 对应的平均有效压力分别为 $p^{av}=40kPa$，$80kPa$ 和 $120kPa$。式（5-24）中 $p_{ref}=p_{atm}=100kPa$，$\varepsilon_1^{acc}/\overline{f}_{1ampl}$ 和 p^{av}/p_{ref} 可计算获得，ε_{ref2}^{acc} 是有关循环次数 N 的变量。选取 $N=1000$，5000，10000 这三个循环进行计算，对于确定的循环次数 ε_{ref2}^{acc} 为常量，即可确定影响因素 f_P 中的参数 C_P。采用最小二乘法进行拟合，得 $C_P=0.50$。

同样地，将轴向累积变形除以 $\overline{f}_{1ampl}$ 及 $\overline{f}_P$，将归一化后随循环次数发展的累积变形曲线 $\varepsilon_1^{acc}/\overline{f}_{1ampl}\overline{f}_P$ 绘制于图 5-50 中，4 个荷载频率下的 3 条曲线重合度较高，参数 C_P 选用合理，各组曲线间的差异仅与荷载频率即影响因素 f_f 有关。

（4）针对荷载频率 f 归一化

为分析荷载频率对轴向累积应变速率的影响，选取 B_1-B_4、C_1-C_4、D_1-D_4、E_1-E_4 试验，上述各组试验对应的影响因素 f_{1ampl}、f_P 及 f_f 不同，影响因素 $\dot{f}_N$、f_e、f_Y 及 f_π 均相同，定义 ε_{ref3}^{acc}：

$$\varepsilon_{ref3}^{acc} = f_e f_Y f_\pi \int \dot{f}_N dN \tag{5-25}$$

$$\varepsilon_1^{acc}/(\overline{f}_{1ampl}\overline{f}_P\overline{f}_f) = \varepsilon_{ref3}^{acc} \tag{5-26}$$

同样地，ε_{ref3}^{acc} 仅是与循环次数 N 有关的变量，根据图 5-50 可知，累积变形随荷载频率增加而增大，荷载频率影响因素 f_f 的表达式为：

$$f_f = C_{f1}(f/f_{ref})^{C_{f2}} \tag{5-27}$$

通过拟合得上式中变量参数 $C_{f1}=0.6$，$C_{f2}=0.26$。将归一化后的累积变形曲线 $\varepsilon_1^{acc}/\overline{f}_{1ampl}\overline{f}_P\overline{f}_f$ 发展曲线绘制于图 5-51 中，不同频率作用下的 20 条变形曲线基本分布在一个

第 5 章 石灰稳定废弃泥浆工程性能

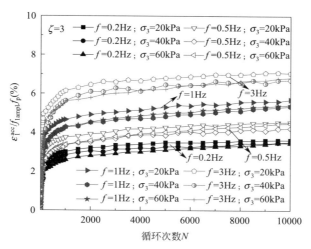

图 5-50 归一化的累积变形 $\varepsilon_1^{ampl}/\bar{f}_{1ampl}\bar{f}_P$ 随循环次数 N 发展曲线

区间内，曲线较重合，表明选用的荷载频率经验模型 f_f 能有效地反映频率对累积应变速率的影响，且材料参数 C_{f1} 及 C_{f2} 选用合理。

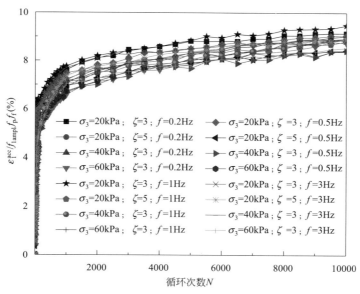

图 5-51 归一化的累积变形 $\varepsilon_1^{ampl}/\bar{f}_{1ampl}\bar{f}_P\bar{f}_f$ 随循环次数 N 发展曲线

为了验证频率改进型 HCA 模型 $\varepsilon_1^{acc} = f_{1ampl}f_e f_P f_Y f_\pi f_f \int \dot{f}_N dN$，对 Y_{a1}-Y_{a2}、Y_{b1}-Y_{b2}、Y_c、Y_d 试样开展长期循环三轴饱和排水试验进行验证，考虑了不同的荷载频率与应力状态，上述试样的累积变形曲线如图 5-52（a）所示。同一应力条件下试样累积变形随荷载频率增大而增大，且高应力比下，加大频率使累积变形增大得更为明显，作用有相同的循环应力比时，加大围压对应的累积变形稍有增加，这些表现规律与第 3 章所得的试验结果相同。将图 5-52（a）中 6 条累积变形随循环次数发展曲线进行归一化处理得 6 条相应的

$\varepsilon_1^{acc}/\bar{f}_{1ampl}\bar{f}_P\bar{f}_f$ 变形曲线，如图 5-52（b）所示，归一化后的 6 条累积变形曲线基本分布在一个小范围区间内，重合度高，证明所选用的荷载频率影响因素 f_f 的经验公式选取合理，真实有效地反映了荷载频率对累积应变速率的影响。因此，频率改进型 HCA 模型能在一定的循环应力比下较好地预测长期循环荷载下的石灰复合土的累积变形；但若循环应力比较小，荷载频率对石灰稳定废弃泥浆累积变形无影响，此时应采用经典 HCA 模型，忽略 f_f 的影响。

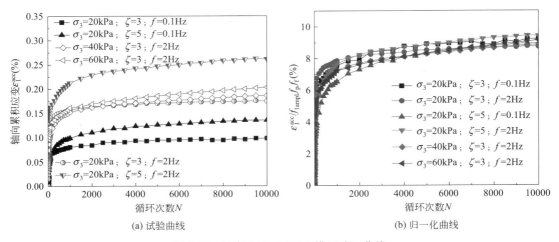

图 5-52　频率改进型 HCA 模型验证曲线

5.3　石灰稳定废弃泥浆微观机理

为了解现场该石灰稳定废弃泥浆的成分生成情况，XRD 衍射的试验试样直接从现场取得，将取到的土样按 XRD 试验标准制成测试样品。将石灰稳定废弃泥浆试样放入 XRD-7000 仪器中进行分析，分析结果见图 5-53。

由图 5-53 可以看出 90d 后，石灰稳定废弃泥浆中出现了 CAH、CSH 等新物质，它们的出现加强了土颗粒间的粘结作用，使得土体的强度随着周期的变大而变大。

取制样完成的石灰稳定废弃泥浆试样（龄期为 0d）以及龄期为 90d 的石灰稳定废弃泥浆试样采用 FEG650 环境扫描电镜仪器进行扫描，扫描结果如图 5-54 和图 5-55 所示。其放大倍数分别为 3000 倍、6000 倍以及 12000 倍。

图 5-54（a）为 0d 时 3000 倍的石灰稳定废弃泥浆电镜扫描图，图 5-54（b）为 6000 倍时的扫描图。图 5-55（a）为 90d 时 3000 倍的土体扫描图，图 5-55（b）为 6000 倍时的扫描图。从图 5-54（a）和图 5-55（a）可以看出，在 3000 倍扫描下，龄期为 0d 的石灰稳定废弃泥浆还是已经在拌合后形成了团聚体，但其空隙较大，空隙间并无物质填充或者连接，而当石灰稳定废弃泥浆的龄期为 90d 时，其土颗粒间局部出现针状物体（钙矾石）连接着周围土体颗粒，其结构相对于 0d 时的石灰稳定废弃泥浆结构性更强。

图 5-56 为采用 12000 倍的电镜对龄期 90d 的石灰稳定废弃泥浆，由图中可知 90d 时石灰稳定废弃泥浆颗粒基本粘结在一起，空隙较少。空隙间针状的钙矾石连接周围的土颗

第 5 章 石灰稳定废弃泥浆工程性能

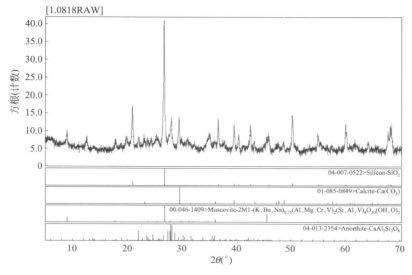

图 5-53　XRD 衍射图

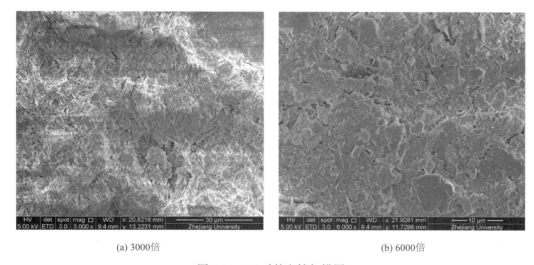

(a) 3000倍　　　　　　　　　　　　　　(b) 6000倍

图 5-54　0d 时的电镜扫描图

粒，整体结构性较好。

石灰稳定废弃泥浆中发生的反应主要有以下几种：

（1）石灰与废弃泥浆中的水接触导致的水化反应，该反应会消耗土中的水分，产生 $Ca(OH)_2$ 并产生热量，使得石灰稳定废弃泥浆中空隙水减少；

$$CaO + H_2O = Ca(OH)_2$$

（2）其次产生的 $Ca(OH)_2$ 与空气中的 CO_2 产生碳化反应，产生 $CaCO_3$；

$$Ca(OH)_2 + CO_2 = CaCO_3 + H_2O$$

（3）$Ca(OH)_2$ 在废弃泥浆中不稳定，存在电离现象，其中的钙离子与氢氧根离子会与土中的物质发生反应；

 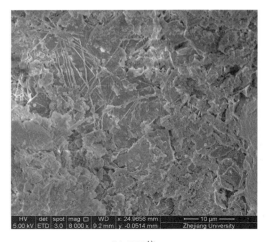

(a) 3000倍　　　　　　　　　　　　　(b) 6000倍

图 5-55　90d 时的电镜扫描图

图 5-56　12000 倍

$$Ca^{2+} + OH^- + SiO_2 \longrightarrow Ca_5Si_6O_{16}(OH) \cdot 4H_2O(CSH)$$
$$Ca^{2+} + 2OH^- + Al_2O_3 \longrightarrow CAH$$

生成的 $CaCO_3$ 固体使得土体强度变大，其中生成的非结晶态的水化硅酸钙（CSH）以及水化铝酸钙（CAH）为胶体状，胶结性更强，能更好联结土颗粒。随着龄期的增长，石灰稳定废弃泥浆中的反应越充分，生成的 CSH 以及 CAH 越多，使得石灰稳定废弃泥浆出现随着龄期增长其强度也变大的趋势。

5.4 本章小结

从石灰稳定废弃泥浆的工程性能、长期性能和微观结构可以得出，石灰稳定废弃泥浆的力学性能能够满足路基材料要求。同时，在长期浸水作用下，其性能变化不明显，微观结构表明，由于火山灰反应，石灰稳定废弃泥浆产生了一定的胶凝物质，填充了颗粒之间的空隙，从而使其性能得到改善。因此，石灰适用于稳定含水率范围在30%～40%之间的废弃泥浆，至于最佳石灰用量可根据实际工程情况进行综合确定。

第 6 章

复合稳定废弃泥浆在道路工程中的应用

6.1 纤维/水泥复合稳定废弃泥浆在道路工程中的应用探讨

6.1.1 工程概况

从第 3 章的室内研究可以得出，将纤维/水泥复合稳定废弃泥浆（FCMS）作为路基填料具有一定的可行性。由于 FCMS 在施工过程中不需要碾压，且自身具有一定的流动性，以及较好的水稳定性能，可将其应用于地下管线复杂、压实效果难以达到要求的及地下水位埋深比较浅、路基常年被水浸泡的路段。本节主要对 FCMS 在道路工程中施工工艺和评定方法进行探讨。

6.1.2 施工流程

施工流程如图 6-1 所示。

图 6-1 纤维/水泥复合稳定废弃泥浆用于路基填料施工流程图

（1）泥浆处理

将废弃泥浆进行充分搅拌使其成为悬浊液，然后通过 5mm 的滤网，以过滤掉较大的土石颗粒、植物根茎以及其他较大尺寸的施工垃圾。过滤后将泥浆进行静置，使其沉淀，并去除静置泥浆的上清液。

（2）拌合

通过测试静置后泥浆的含水量，计算所需的水泥和纤维含量。按照含水量要求，在水泥中加入水，使其成为流动状态，并将其加入搅拌过程中的废弃泥浆中，在搅拌过程中分 3 次撒入聚丙烯纤维。

(3) 运输

采用自卸车进行运输，运输过程中采用篷布进行覆盖，自卸车车厢要求平整、光滑、严密、不漏浆，使用前后冲洗干净，要控制从开始拌合到摊铺的时间。如超出规定的时间，则要求拌合过程中加入适量的缓凝剂，并根据运距、气温、风力等情况增加单位用水量。

(4) 摊铺

纤维/水泥复合稳定废弃泥浆处于流动状态，人工配合挖掘机摊铺即可。

(5) 振捣

可采用排振式振捣方法，振捣棒在每一处的持续时间应以拌合物全面振动液化、表面不再冒气泡和泛水泥浆为限，不宜过振，也不宜少于30s。

(6) 养护

对纤维/水泥复合稳定废弃泥浆表面进行平整处理，在其表面覆盖塑料膜，进行养护。在养护过程中要注意保温保湿，避免材料含水量变化幅度过大。

6.1.3 工程评定

(1) 现场检测

纤维/水泥复合稳定废弃泥浆的现场检查主要包括水泥含量、强度和流动度检测。

1) 水泥含量检测

根据《公路工程无机结合料稳定材料试验规程》JTG E51—2009，采用 EDTA 法检测纤维/水泥复合稳定废弃泥浆中水泥含量。

2) 强度检测

采集卸料口的纤维/水泥复合稳定废弃泥浆试样，根据《公路工程泡沫混凝土应用技术规范》DB33/T 996—2015，制作 100mm×100mm×100mm 立方体试块，每组 3 块，标准养护 28d，进行无侧限抗压强度试验，其无侧限抗压强度应大于 600kPa。

3) 流动度检测

采集卸料口的纤维/水泥复合稳定废弃泥浆试样，根据《公路工程泡沫混凝土应用技术规范》DB33/T 996—2015 进行流动度测试，测试方法如图 6-2 所示。流动度值为 180±20mm。

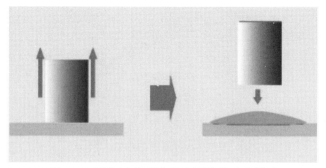

图 6-2 纤维/水泥复合稳定泥浆流动度测试

(2) 数值模拟

对水泥稳定废弃泥浆（CMS）和纤维/水泥稳定废弃泥浆（FCMS）作为路基填料进

行数值模拟。同时对不同养护龄期（28d 和 180d）竖向位移、层底弯拉应力和竖向应力进行分析。

路面结构由上到下主要分为面层、基层和路基三部分。面层材料为沥青混凝土，厚度 15cm，弹性模量 1200MPa，泊松比 0.25。基层材料为水泥稳定碎石，厚度 20cm，弹性模量为 1500MPa，泊松比为 0.30。路基材料为纤维/水泥复合稳定废弃泥浆，厚度 100cm，弹性模量采用第 4 章试验结果，泊松比取 0.35。

荷载采用标准行车轴载 100kN，轮胎与地面接触压强为 0.7MPa，单轮传压面当量圆直径为 d，其值为 21.3cm，两轮的中心距为 1.5d，其值为 31.95cm。所有材料都是弹塑性材料，本构模型采用摩尔-库伦模型。

本章算例模型为二维模型，采用路面层状结构，模型尺寸为 1.5m×1.6m（横向 1.5m，厚度 1.6m），有限元模型如图 6-3 所示。

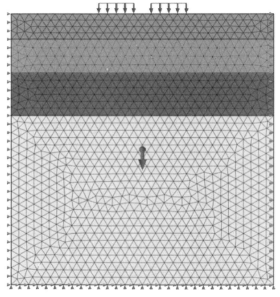

图 6-3 道路结构层有限元模型

1）CMS 路基数值模拟结果

分别考虑 CMS 28d 和 180d 养护龄期时的不同力学性能，通过计算得到路面结构层整体的竖向位移和基层底部的最大拉、压应力。计算得到变形后的竖向位移如图 6-4 所示，拉应力分布情况如图 6-5 所示，压应力分布情况如图 6-6 所示。

由图 6-4～图 6-6 可知，采用 CMS 路基时，在 28d 和 180d 养护龄期时，路面结构层最大竖向位移、基层底部的最大拉应力和最大压应力见表 6-1。

CMS 路基模拟结果　　　　表 6-1

养护龄期(d)	最大竖向位移(mm)	基层底部最大拉应力(kPa)	基层底部最大压应力(kPa)
28	3.1	430	233
180	1.85	393	247

第6章 复合稳定废弃泥浆在道路工程中的应用

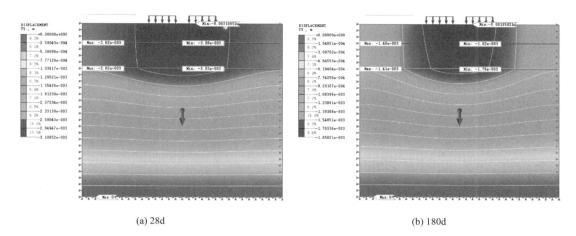

(a) 28d (b) 180d

图 6-4　路面结构层竖向位移图

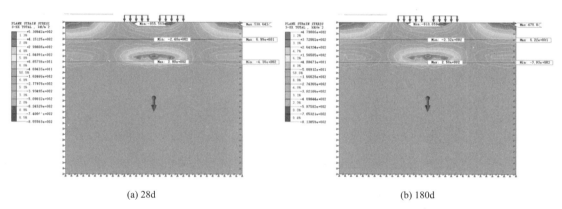

(a) 28d (b) 180d

图 6-5　路面结构层拉应力分布图

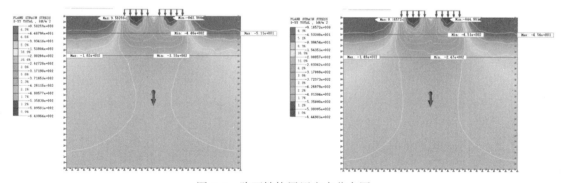

图 6-6　路面结构层压应力分布图

从表 6-1 可以看出采用 CMS 作为路基材料随着养护龄期增长路面结构层最大竖向位移、底基层底部的最大拉应力均有一定程度的降低，基层底部最大压应力增大，但是小于 CMS 的无侧限抗压强度。从第 4 章试验结果可以看出，当水泥掺量大于 10% 时，CMS 路基能够满足抗压强度的要求。

2）FCMS 路基数值模拟结果

分别考虑 FCMS 28d 和 180d 养护龄期时的不同力学性能，通过计算得到路面结构层整体的竖向位移和基层底部的最大拉、压应力。计算得到变形后的竖向位移如图 6-7 所示，拉应力分布情况如图 6-8 所示，压应力分布情况如图 6-9 所示。

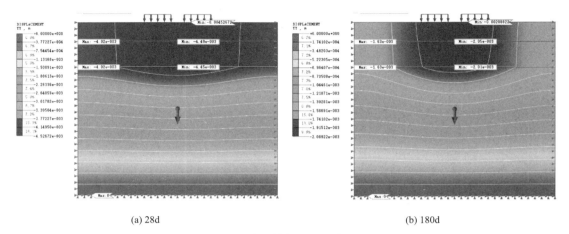

(a) 28d　　　　　　　　　　　　　　(b) 180d

图 6-7　路面结构层竖向位移图

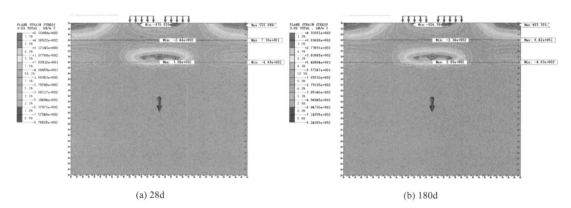

(a) 28d　　　　　　　　　　　　　　(b) 180d

图 6-8　路面结构层拉应力分布图

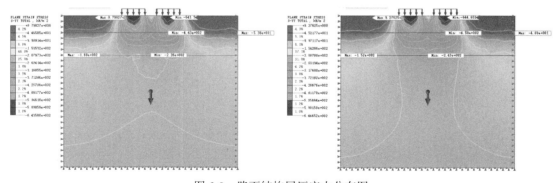

图 6-9　路面结构层压应力分布图

由图 6-7～图 6-9 可知，采用 FCMS 路基时，在 28d 和 180d 养护龄期时，路面结构层最大竖向位移、基层底部的最大拉应力和最大压应力见表 6-2。

FCMS 路基模拟结果　　　　表 6-2

养护龄期 (d)	最大竖向位移 (mm)	基层底部最大拉应力 (kPa)	基层底部最大压应力 (kPa)
28	4.53	449	226
180	2.09	403	243

从表 6-2 可以看出，采用 FCMS 作为路基材料随着养护龄期增长路面结构层最大竖向位移、底基层底部的最大拉应力均有一定程度的降低，基层底部最大压应力增大，但是小于 FCMS 的无侧限抗压强度。从第 4 章试验结果可以看出，FCMS 路基能够满足抗压强度的要求。同时 FCMS 具有较好的抗冻融循环能力，在一些特定条件下可以综合考虑使用。

6.2　石灰稳定废弃泥浆在道路工程中的应用

6.2.1　工程概况

废弃泥浆本身还是含有大量可以再利用的沙石泥土，回收后首先就是脱水干化，使干化后的泥饼含水率降到 30% 以下，然后采用石灰对其稳定处理。第 5 章室内研究表明，石灰稳定废弃泥浆的静动力性能满足路基材料性能要求，可以将石灰稳定废弃泥浆用于路基填料。在鹿湖庄园东西向道路、亭山路和大善路等道路工程项目上进行了石灰稳定废弃泥浆路基填筑试点，试点量达 30 余万立方米。据检测，这些路基的压实度、弯沉等技术指标均达到甚至远超设计指标和规范要求。本章主要对石灰稳定废弃泥浆在实际路基工程中的应用进行介绍。

6.2.2　施工流程

施工流程图如图 6-10 所示。

图 6-10　石灰稳定废弃泥浆用于路基填料施工流程图

（1）泥浆脱水

泥浆采用专业泥浆运输车外运至固化处置工厂，如图 6-11 所示，通过沉淀池将较大颗粒粒径的石块、垃圾、漂浮物通过格栅机拦截，在调节池内加入 HEC 固化剂与 FSA 泥沙聚沉剂采用机械拌合曝气方式使泥浆调质均匀，如图 6-12 所示。再利用弹性板框压滤机进行深度脱水，尾水排放市政管网，如图 6-13 所示。该方式目前普遍采用，具有处置高效、环保无害的优点，处置后的泥浆如图 6-14 所示。

图 6-11 泥浆固化处置工厂

图 6-12 泥浆沉淀池

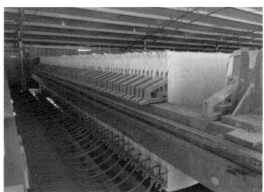

图 6-13 板框压滤机

图 6-14 脱水后的泥浆

本章主要介绍采用石灰对脱水后的泥浆进行稳定,并将其应用于路基。

(2) 拌合

采用集中厂拌工艺进行复合土的加工生产,如图6-15和图6-16所示。石灰采用生石灰粉和熟石灰粉,比例分别为掺加用量的40%和60%。将生石灰粉与脱水后的废弃泥浆进行通过双螺旋反向就地搅拌设施进行拌合,降低泥浆中的含水量,并形成生石灰复合泥浆土。

图6-15 拌合设备

图6-16 生石灰与废弃泥浆拌合

(3) 焖料

在厂拌工厂内焖料,时间一般为3～5d,使生石灰复合泥浆土含水率降低至20%～23%。生石灰复合泥浆土利用改进后的稳定粒料拌合机与熟石灰粉强制拌合,拌合遍数不少于两遍,形控制石灰稳定废弃泥浆的含水率在18%～20%之间。

(4) 摊铺碾压

由运输车辆将石灰稳定废弃泥浆运输至道路填筑现场,由路面摊铺机进行铺筑,松铺厚度控制在25cm左右。采用压实机具碾压密实,机械组合为先振动压路机碾压2遍,再羊足碾碾压 3 遍，最后双钢轮压路机碾压 1 遍完成，如图 6-17～图 6-20 所示。

图 6-17　场地平整

图 6-18　摊铺

图 6-19　碾压

图 6-20 成型后石灰稳定废弃泥浆路基

6.2.3 工程评定

(1) 现场检测

石灰稳定废弃泥浆的现场检查主要包括石灰含量、压实度和弯沉检测。

1) 石灰含量检测

根据《公路工程无机结合料稳定材料试验规程》JTG E51—2009 采用 EDTA 法检测石灰稳定废弃泥浆中石灰含量。首先对生石灰复合泥浆土中有效钙镁含量进行 EDTA 测试,测试结果见表 6-3。

生石灰复合泥浆土 EDTA 测试结果　　　　　　　　　　　　　表 6-3

石灰掺量(%)	龄期(d)					
	1	3	5	7	9	14
3	15	13.6	13.5	13.2	11.7	10
4	19.7	17.7	17.4	17.3	15.8	14.8
5	24.3	21.6	21.4	21.4	20	19.5

从表 6-3 可以看出生石灰复合泥浆土中有效钙镁含量随着石灰掺量的增加线性增加,随着龄期的增加线性减小。

同时对熟石灰稳定废弃泥浆在不同压实状态和不同养护条件下有效钙镁含量进行 EDTA 测试,测试结果分别见表 6-4～表 6-6。

松散状态、标准养护时不同龄期时 EDTA 滴定试验结果　　　　　　表 6-4

石灰掺量(%)	龄期(d)								
	1	2	3	4	5	6	7	14	28
2	11.4	10.8	10.6	10.6	10.3	10.2	10.1	9.6	8.8
4	19.8	18.4	18.2	18.2	18	17.9	17.6	16.3	15
6	27.6	26.4	26.4	26	25.4	25.8	25.2	24.3	22.2

续表

石灰掺量(%)	龄期(d)								
	1	2	3	4	5	6	7	14	28
8	35.2	34.1	33.9	33.4	33.1	33	32.6	31	28.8
10	42.9	42.3	40.6	40.4	39.5	39.4	39.3	37.6	35.8

压实状态、标准养护时不同龄期时 EDTA 滴定试验结果　　　　表 6-5

石灰掺量(%)	龄期(d)						
	3	5	7	9	14	28	56
2	11.6	11.6	11.4	11.2	11.2	10.8	10.1
4	19.9	19.8	19	18.7	18.4	17.4	14.9
6	26.6	26.9	26.4	25.6	25.4	24	19.8
8	35.4	35.2	33.6	33	32.4	30.2	25.4
10	41.5	40.8	41	40.4	40	39	31

压实状态、自然养护时不同龄期时 EDTA 滴定试验结果　　　　表 6-6

石灰掺量(%)	龄期(d)						
	3	5	7	9	14	28	56
2	10.8	10.2	10.2	9.8	8.7	8.8	8.4
4	19	16.9	17.2	15.7	12.1	11.4	10.2
6	25.3	23.6	23.2	21.8	17	16.2	12.2
8	31.8	30	29.8	28.3	23	21.4	16.2
10	39.1	36.5	36.4	35.4	28.8	26	20.4

从表 6-5～表 6-6 可得出，在不同养护条件，不同龄期时，石灰稳定废弃泥浆的有效钙镁含量与石灰掺量呈线性增加。将表 6-4～表 6-6 的数据进行拟合得到的线性方程能为石灰稳定废弃泥浆中的石灰含量的检测提供参考。

2）压实度检测

对施工完成后的复合废弃泥浆土和普通石灰土路基进行压实度检测，如图 6-21 所示，其检测结果见表 6-7。

现场压实度检测结果　　　　表 6-7

路基材料类型	压实度检测结果(%)				
	测点 1	测点 2	测点 3	测点 4	测点 5
石灰稳定废弃泥浆	96.3	96.7	96.7	96.8	97.1
普通石灰土	96.6	96.2	96.5	96.4	96.8

根据压实度检测结果，均满足高速、一级以及城市主干道标准的路基压实度验收要求，且泥浆复合土与普通石灰土填料路基压实度无明显差异。

图 6-21 压实度现场检测

3）弯沉检测

采用贝克曼梁法对成型复合废弃泥浆土与普通石灰土路基进行弯沉检测,如图 6-22 所示,相关结果见表 6-8。

图 6-22 复合土弯沉现场检测

路基弯沉检测结果 表 6-8

路基材料类型	弯沉检测结果		
	平均弯沉值(0.01mm)	标准差	弯沉代表值(0.01mm)
石灰稳定废弃泥浆	96.3	96.7	96.7
普通石灰土	96.6	96.2	96.5

根据弯沉检测结果,满足高速、一级公路及城市主干道的设计标准要求,同时复合土采用厂拌工艺,均匀性较普通石灰土路拌工艺好,弯沉标准差较小,较常规的土石混合料路基优势更明显。

（2）数值模拟

分别考虑石灰稳定废弃泥浆在 28d 和 180d 养护龄期时的不同力学性能,通过计算得到路面结构层整体的竖向位移和基层底部的最大拉、压应力。计算得到变形后的竖向位移如图 6-23 所示,拉应力分布情况如图 6-24 所示,压应力分布情况如图 6-25 所示。

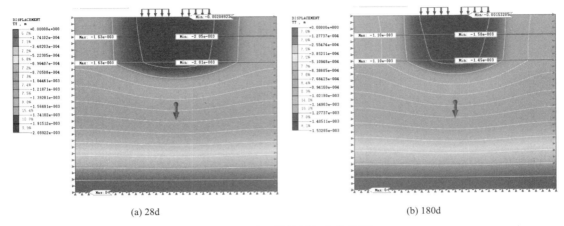

图 6-23　路面结构层竖向位移图

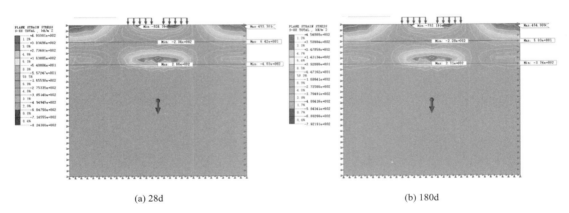

图 6-24　路面结构层拉应力分布图

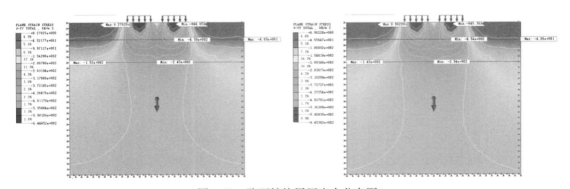

图 6-25　路面结构层压应力分布图

由图 6-23～图 6-25 可知,采用石灰稳定废弃泥浆路基时,在 28d 和 180d 养护龄期时,路面结构层最大竖向位移、基层底部的最大拉应力和最大压应力见表 6-9。

第6章 复合稳定废弃泥浆在道路工程中的应用

石灰稳定废弃泥浆路基模拟结果 表 6-9

养护龄期(d)	最大竖向位移(mm)	基层底部最大拉应力(kPa)	基层底部最大压应力(kPa)
28	2.09	403	243
180	1.53	374	254

从表6-9可以看出采用石灰稳定废弃泥浆作为路基材料随着养护龄期增长路面结构层最大竖向位移、底基层底部的最大拉应力均有一定程度的降低，基层底部最大压应力增大，但是小于石灰稳定废弃泥浆的无侧限抗压强度。从第5章试验结果可以看出，石灰掺量大于3%时，石灰稳定废弃泥浆能够满足抗压强度的要求。从数值模拟的角度也说明采用石灰稳定废弃泥浆作为路基材料具有一定的可行性。

6.3 本章小结

纤维/水泥复合稳定废弃泥浆用于路基填料的主要施工流程为泥浆处理、拌合、运输、摊铺、振捣和养护。其施工质量检测主要包括水泥含量检测、强度检测和流动度检测。数值模拟结果表明，当水泥掺量大于10%时，CMS路基能够满足抗压强度的要求。

石灰稳定废弃泥浆作为路基填料的主要施工流程为泥浆脱水、拌合、焖料、摊铺、碾压和养护。其施工质量检测主要包括石灰含量检测、压实度检测和弯沉检测。数值模拟结果表明，石灰掺量大于3%时，石灰稳定废弃泥浆能够满足抗压强度的要求。

参 考 文 献

[1] 张媛媛,李占华,孟庆宇. 淤泥脱水工艺在北京护城河清淤施工应用中的优化研究[J]. 建筑工程技术与设计,2020:3290.

[2] 魏治海,娄秀清,刘长志. 带式压滤机在转炉尘泥脱水中的应用[J]. 科学技术与工程,2010,10(14):3549-3553.

[3] 詹锐生. 高压压滤脱水固结一体化处理河道淤泥的技术应用研究[D]. 广州:华南理工大学,2019.

[4] 张忠苗,房凯,王智杰,等. 泥浆零排放处理技术及分离土的工程特性研究[J]. 岩土工程学报,2011,33(9):1456-1461.

[5] 何文锋,邓美龙,白晨光,等. 地铁车站施工废弃泥浆处理方法[J],施工技术,2012,41(379),83-86.

[6] 胡承雄,马华滨. 京沪高速铁路废弃泥浆处理现场试验[J]. 铁道劳动安全卫生与环保,2009,36(3):112-115.

[7] 张钦喜,陶韬,王晓杰,等. 钻孔灌注桩废弃泥浆处理的试验研究[J]. 水利学报,2015,6(增刊1):40-45.

[8] 龙莉波. 泥浆净化装置在钻孔灌注桩施工中的应用[J]. 建筑施工,2007,29(6):392-394.

[9] 李健,向兴权,罗平亚. 两性复合离子聚合物泥浆处理剂及泥浆体系研究与应用[J]. 天然气工业,1991(5):42-49.

[10] 郭慧芝,王丽红. 钻孔灌注桩中泥浆的净化和利用[J]. 山西建筑,2008(5):158-160.

[11] 陈乐亮,徐同台,门廉魁. 淀粉类泥浆处理剂应用前景的探讨[J]. 石油与天然气化工,1998(1):65-69.

[12] 董娅玮. 废弃钻井泥浆固化处理技术研究[D]. 西安:长安大学,2009.

[13] 万玉纲,余学海. 桩基工程泥浆水处理技术[J]. 环境工程,1999,17(1):14-15.

[14] 杨春英,白晨光,马庆松. 絮凝固液分离技术处理废弃泥浆试验研究[J]. 实验室科学,2013,16(1):50-53.

[15] Shang J Q. Electrokinetic dewatering of clay slurries as engineered soil covers[J],Canadian Geotechnical Journal,1997(34):78-86.

[16] 陶燕丽. 不同电极电渗过程比较及基于电导率电渗排水量计算方法[D]. 杭州:浙江大学,2015.

[17] 冯源. 城市污水污泥电动脱水机理试验研究及多场祸合作用理论分析[D]. 杭州:浙江大学,2012.

[18] 符洪涛,王军,蔡袁强,等. 低能量强夯-电渗法联合加固软黏土地基试验研究[J],岩石力学与工程学报,2015,34(3):612-620.

[19] 中华人民共和国交通运输部. 公路土工试验规程:JTG 3430—2020[S]. 北京:人民交通出版社,2020.

[20] 中华人民共和国交通运输部. 公路路基设计规范:JTG D30—2015[S]. 北京:

人民交通出版社，2015．

[21] 中华人民共和国住房和城乡建设部．城镇道路工程施工与质量验收规范：CJJ 1—2008 [S]．北京：中国建筑工业出版社，2008．

[22] 中华人民共和国交通运输部．公路工程质量检验评定标准：JTG F80/1—2017 [S]．北京：人民交通出版社，2018．

[23] 乐金朝，李新明，乐旭东．钢渣稳定土的水稳性试验研究 [J]．郑州大学学报（工学版），2010，31（2）：18-21．

[24] 房凯，张忠苗，刘兴旺，等．工程废弃泥浆污染及其防治措施研究 [C]．全国桩基工程学术会议，2011．

[25] 石振明，薛丹璇，彭铭，等．泥水盾构隧道废弃泥浆改性固化及强度特性试验 [J]．工程地质学报，2018．

[26] 吴克雄，李顺凯，杨钊，等．废弃泥浆改性同步注浆材料试验研究 [J]．科学技术与工程，2017（20）：282-286．

[27] Lee F. H., Lee Y., Chew S. H., et al. Strength and modulus of marine clay-cement mixes. J. Geotech. Geoenviron. Eng., ASCE, 2005, 131（2）：178-185.

[28] 刘科，沈扬，刘汉龙．水泥-生石灰固化吹填土无侧限抗压强度试验研究 [J]．土木工程与管理学报，2012（3）：98-102．

[29] 鲍树峰，董志良，莫海鸿，等．高黏粒含量新吹填淤泥加固新技术室内研发 [J]．岩土力学，2015，36（1）：61-67．

[30] 李雪刚．杭州海相软土的固化及其理论研究 [D]．杭州：浙江大学，2013．

[31] 唐朝生，顾凯．聚丙烯纤维和水泥加固软土的强度特性 [J]．土木工程学报，2011，44（增刊）：5-8．

[32] 鹿群，郭少龙，王闵闵，等．纤维水泥土力学性能的试验研究 [J]．岩土力学，2016，37（增2）：421-426．

[33] 中华人民共和国住房和城乡建设部．水泥土配合比设计规程：JGJ/T 233—2011 [S]．北京：中国建筑工业出版社，2011．

[34] 王大雁，马巍，常小晓，等．冻融循环作用对青藏黏土物理力学性质的影响 [J]．岩石力学与工程学报，2005，24（23）：4313-4319．

[35] 罗昕，卫军．冻融条件下混凝土损伤演变与强度相关性研究 [J]．华中科技大学学报：自然科学版，2006，34（1）：98-100．

[36] 刘大鹏，霍俊芳．纤维轻骨料混凝土冻融损伤模型研究 [J]．硅酸盐通报，2009，28（3）：568-571．

[37] 何钰龙．冻融作用下聚丙烯纤维土力学性能试验研究 [J]．公路工程，2015，40（6）：84-87，95．

[38] 卜建清，王天亮．冻融及细粒含量对粗粒土力学性质影响的试验研究 [J]．岩土工程学报，2015，37（4）：608-614．

[39] 蔡袁强，赵莉，曹志刚，等．不同频率循环荷载下公路路基粗粒填料长期动力特性试验研究 [J]．岩石力学与工程学报，2017，36（5）：1238-1246．

[40] 常晓林，马刚，周伟，等．颗粒形状及粒间摩擦角对堆石体宏观力学行为的影响

[J]. 岩土工程学报，2012，34（4）：646-653.

[41] 陈金锋，徐明，宋二祥，等. 不同应力路径下石灰岩碎石力学特性的大型三轴试验研究[J]. 工程力学，2012，29（8）：195-201.

[42] 陈生水，韩华强，傅华. 循环荷载下堆石料应力变形特性研究[J]. 岩土工程学报，2011，32（8）：1151-1157.

[43] 程泽海，宋泽源，黄博，等. 含石量与含泥量对压实砾石土力学特性影响的试验[J]. 中国公路学报，2018，31（8）：47-57.

[44] 褚福永，朱俊高，殷建华. 基于大三轴试验的粗粒土剪胀性研究[J]. 岩土力学，2013，34（8）：2249-2254.

[45] 褚福永，朱俊高，殷建华. 基于大三轴试验的粗粒土应力剪胀方程[J]. 四川大学学报（工程科学版），2013（5）：24-28.

[46] 丁树云，蔡正银，凌华. 堆石料的强度与变形特性及临界状态研究[J]. 岩土工程学报，2011，32（2）：248-252.

[47] 高玉峰，张兵，刘伟，等. 堆石料颗粒破碎特征的大型三轴试验研究[J]. 岩土力学，2009，30（5）：1237-1246.

[48] 郭庆国. 粗粒土的工程特性及应用[M]. 郑州：黄河水利出版社，1998.

[49] 郭庆国. 粗粒土的抗剪强度特性及其参数[J]. 电网与清洁能源，1990（3）：29-36.

[50] 何爱华. 膨胀性凝灰岩稳定性控制实验研究[D]. 长沙：长沙理工大学，2014.

[51] 黄茂松，李进军，李兴照. 饱和软粘土的不排水循环累积变形特性[J]. 岩土工程学报，2006，28（7）：891-895.

[52] 黄茂松，杨超，崔玉军. 循环荷载下非饱和结构性土的边界面模型[J]. 岩土工程学报，2009，31（6）：817-823.

[53] 丁慧，孙秀丽，刘文化，等. 固化疏浚淤泥作路基材料工程特性试验研究[J]. 土木建筑与环境工程，2017，39（2）：11-18.

[54] 曹玉鹏，卞夏，邓永锋. 高含水率疏浚淤泥新型复合固化材料试验研究[J]. 岩土力学，2011，(S1)：321-326.

[55] 丁飞鹏. 钻孔灌注桩泥浆的固化处理及其在路基填筑中的工程应用[J]. 城市道桥与防洪，2018，(5)：75-79.

[56] Huang Y，Zhu W，Qian X，et al. Change of mechanical behavior between solidified and remolded solidified dredged materials [J]. Engineering Geology，2011，119（3）：112-119.

[57] 张铁军，丁建文，邓东升，等. 生石灰处理高含水率疏浚淤泥的含水率变化规律研究[J]. 岩土力学，2009，30（9）：2775-2779.

[58] 中华人民共和国住房和城乡建设部. 土壤固化外加剂：CJ/T 486—2015 [S]. 北京：中国标准出版社，2016.